蜕变：

数字化战略管理新框架

SHUZIHUA ZHANLÜE GUANLI

XINKUANGJIA

皮圣雷 黄淑怡◎著

中国财经出版传媒集团

经济科学出版社
Economic Science Press

·北京·

图书在版编目（CIP）数据

蜕变：数字化战略管理新框架 / 皮圣雷，黄淑怡著.

北京：经济科学出版社，2024.10. --ISBN 978-7

-5218-6017-7

I. F272-39

中国国家版本馆CIP数据核字第2024QM1688号

责任编辑：吴　敏
责任校对：李　建
责任印制：张佳裕

蜕变：数字化战略管理新框架

TUIBIAN: SHUZIHUA ZHANLÜE GUANLI XINKUANGJIA

皮圣雷　黄淑怡　著

经济科学出版社出版、发行　新华书店经销
社址：北京市海淀区阜成路甲28号　邮编：100142
总编部电话：010-88191217　发行部电话：010-88191522
网址：www.esp.com.cn
电子邮箱：esp@esp.com.cn
天猫网店：经济科学出版社旗舰店
网址：http://jjkxcbs.tmall.com
北京季蜂印刷有限公司印装
710×1000　16开　14.25印张　210000字
2024年10月第1版　2024年10月第1次印刷
ISBN 978-7-5218-6017-7　定价：58.00元
（图书出现印装问题，本社负责调换。电话：010-88191545）
（版权所有　侵权必究　打击盗版　举报热线：010-88191661
QQ：2242791300　营销中心电话：010-88191537
电子邮箱：dbts@esp.com.cn）

　　本书获得国家自然科学基金面上项目"技术替代背景下在位企业跨战略群的合作与竞争行为组合机制研究"（71972058）、广东省基础与应用基础研究基金自然科学基金项目面上项目"数字化转型企业纵向结构动态性下竞合策略组合研究"（GD22XGL16）、广东省社会科学基金共建项目"大湾区企业科技创新竞争战略及对策研究"（2023A1515011866）等项目支持。

总序

随着信息技术的飞速发展，数字经济已经成为全球经济增长的新引擎，深刻改变着人类社会的生产、生活与交往方式。在这一背景下，经济与管理实践面临着前所未有的新课题、新挑战，要求我们以全新的视角和思维去探索经济运行的规律，以及管理活动的变革与创新。因此，撰写"数字经济与管理创新系列丛书"的初衷便是希望能够为学术界、企业界以及政策制定者提供一系列关于数字经济时代经济与管理创新的深刻见解和实践指南。

一、数字经济发展趋势

数字经济以数据为关键生产要素，以数字技术创新为核心驱动力，以现代信息网络为重要载体，加速重构经济发展与政府治理模式的新型经济形态。近年来，大数据、云计算、人工智能、区块链、物联网等新一代信息技术的广泛应用，不仅推动了产业数字化和数字产业化，还催生了共享经济、平台经济、网络经济等新型经济形态，为经济增长注入了新动力。同时，数字经济也正在深刻改变着就业结构、消费模式、商业模式以及社会治理方式，成为引领全球经济变革的重要力量。

二、数字技术革命浪潮中的新课题与新挑战

在数字技术革命浪潮中，经济与管理实践面临着诸多新课题和新挑战。一方面，数字化转型已成为企业生存和发展的必由之路，要求企业重新思考自身的战略定位、组织结构、业务流程以及人才培养方式。另一方面，数字经济的发展也对政府监管提出了新的要求，如何制定科学合理的数字经济政策、构建高效协同的监管体系、保障数据安全与隐私保护等问题亟待解决。此外，数字经济时代的管理理论也需要不断更新和完善，以适应数字化、网络化、智能化的发展趋势。

三、本系列丛书的探索与贡献

本系列丛书试图在数字经济与管理创新的交叉领域进行深入探索，旨在为学术界、企业界以及政策制定者提供有价值的参考。丛书将围绕数字经济时代的经济与管理实践，从多个角度展开研究。首先，我们将分析数字经济对传统经济的影响和冲击，探讨数字化转型的路径和策略；其次，我们将研究数字经济时代的商业模式创新、产品创新以及服务创新；再次，我们将关注数字经济时代的企业管理变革，包括组织结构、人力资源管理、供应链管理等方面的创新；最后，我们还将探讨数字经济时代的政府监管政策与治理体系创新。

在理论创新方面，本系列丛书将结合国内外最新的研究成果和实践案例，提出一系列适应数字经济时代的管理理论和方法。我们将关注数字技术如何影响企业的决策过程、组织行为以及市场结构等方面的问题，并尝试构建数字经济时代的管理理论框架。同时，我们还将探讨数字经济时代的管理实践如何推动管理理论的创新和发展。

四、展望未来学科发展

展望未来，数字经济将继续引领全球经济变革的浪潮，为经济学与管理学的发展提供广阔的空间和机遇。一方面，随着数字技术的不断发展和应用，数字经济将不断催生新的经济形态和商业模式，为经济学和管理学研究提供新的课题和挑战；另一方面，数字经济也将推动经济学和管理学理论的创新和发展，为解决实际经济问题提供更加科学、有效的理论支撑。

因此，我相信"数字经济与管理创新系列丛书"将成为一个重要的学术品牌，为学术界、企业界以及政策制定者提供宝贵的学术资源和实践指南。同时，我们也期待更多的学者和专家加入这一领域的研究中来，共同推动数字经济与管理创新研究的深入发展。

薛小龙

广州大学管理学院院长

代序

　　我和皮老师的相识纯粹是机缘。印象中，我们好像是在一个朋友的聚会上认识的。那天，在座的都是高校老师，大家相谈甚欢，几乎忘掉了年龄、学科背景等的差别。我们谈论历史、哲学，当然也谈到了机器学习、人工智能等。那之后，这个忘年交就这样交下了。而当2024年春节皮老师把这本书的书稿发给我时，我才想起在之前某次攀谈中，他隐约提到的那件事："我正在尝试把数字技术融入战略管理中"。就目前看来，我不敢说他成功了，但至少他在努力探索与众不同的数字化路径。

　　作为长期从事机器学习、人工智能研究的学者，我们一直以来畅想的"数字经济"应该是在经济活动中应用大数据、人工智能等技术。循着这一思路，一众技术专家们致力于在社会和经济生活的方方面面引入数字化、智能化的创新技术。从某种意义上说，多数人似乎陷入了一种惯性思维，即数字化转型应该是个技术活儿。然而，这十几年来中国企业乃至社会的信息化、自动化、互联网化以及数字化转变的实践告诉我们：数字化转型的确以数字技术为基础，但转型是否能走得远，则取决于各种管理模式的升级。这就跟说到新质生产力一样，既要引入人工智能等技术创新，又要推动各项要素资源优化配置，最终要深化产业升级。技术创新、资源配置优化以及产业升级，三者缺一不可，才叫新质生产力。而要想让数字技术真正成为新质生产力，除了我们搞智能技术的专家学者以外，的确还需要管理学者与专家的共同努力。

　　这本书试图向我们展现数字化转型的全新方向。引入数字技术替代、升级企业生产流程与体系只是企业数字化转型的第一步，更漫长的征程则是以数字技术为基础的管理升级。这里面又尤以战略管理过程与框架模式的数字化升级最为复杂。这本书倾注了作者对战略管理长期而深刻的理解，并探索性地提出了数字技术赋能下全新的企业战略管理理论框架。令我这个"老人家"更为暖心的是，这本书只是发展和完善了战略管理理论，而不是"重构""创新"，或是另起炉灶。这些年来，我们看到了很多试图颠覆旧理论的所谓创新。但事实上，理论的发展如同一棵树一样，树叶再新，也不能脱离树根。因此，在这个浮躁和急迫追求理论创新的时代，有这么一本致力于完善经典战略管理理论的书，竟让我有些莫名的激动。

这本书更多地针对广大企业管理者，因此也融入了作者长期以来对不同企业咨询战略管理、指导数字化转型的实践案例，并尝试用大白话整理出一套具有可操作性的数字化战略管理方法论。我们期待以后会有更多对管理学有深刻思考、面向中国工业经济实践的管理学者加入数字化、智能化的大军，同包括人工智能在内的技术专家们一道，踏上中国数字化这一伟大征程。

是为代序。

路永和

中山大学人工智能学院教授

目录

第一篇
理论框架篇

第二篇
实战体系篇

引言

1.理想与现实

百年未有之大变局，一面是中华民族伟大复兴，一面是国际形势风高浪急。全球政治与经济的波诡云谲直接影响到我们每一个个体；国内宏观经济调控的复杂性与改革的艰巨性让所有企业对前行的道路与方向产生各种疑虑或感到迷茫。在这样一个充满不确定性的时代，似乎只有数字经济是让所有人笃定的未来。而这个未来如同一幅缓缓展开的画卷，逐渐向世人展现其全貌。每个人在期待的同时也在踌躇，自己是否在这幅画卷中？自己又该如何加入这个未来里？

作为战略管理学者，我们对企业数字化的未来充满憧憬。未来数字化企业至少应符合三个基本特征。

一是企业经营利润的来源主要依靠数字技术或能力。所谓的数字化企业，不是单纯地在生产经营过程中使用了数字化的设备或软件系统的企业，而是利用数字化技术为自身创造价值和获得利润的企业。甚至可以说，企业获得经营利润是建立在数字技术基础上的。

二是企业经营方式由数字技术或系统完全/部分构成。一家企业如果仅仅是采用了一部分含有数字技术的设备（如数控机床）或者软件（如工业大数据系统），但是企业经营方式却跟以前没什么两样，那这家企业还不能被称为数字化企业。这就好比在用骑驴的方式开高铁，数字技术的全部价值无法发挥出来，还会反过来给企业造成大量的管理成本，甚至引进数字技术本身会造成大量投入，可能迫使企业偏离既定战略方向。所以，在真正的数字化企业里，数字技术及系统必须至少要成为企业经营方式的重要组成部分，甚至是核心部分。

三是企业各级经营管理与决策完全/部分以数字系统及其分析为基础。数字化经营方式必然表现为在各级经营管理活动中采用数字技术，或表现为数字化的形态。这不仅仅在于经营管理过程受到数字系统的监控，更在于企业的各级管理活动以数字系统为载体，并受到系统分析的驱动。甚至企业各级的管理决策，包括战略决策，都（至少部分地）以数字系统及其分析为基础，实现高效、精准、动态和科学的决策。然而，梦想总是稍显梦幻。

与数字经济浪潮缓慢而宏大走向形成鲜明对比的是中国企业，准确地说是一众贡献了中国80%以上的城镇劳动就业、贡献了60%以上的国内生产总值以及50%以上税收的中小民营企业。它们是数字经济的主力，却是当前我国数字经济最迟钝的参与者。2021年，全国规模以上制造企业数字化率达到75%；但与此同时，珠三角民营中小制造企业的数字化率乐观估计也只有50%，长三角的民营中小制造企业数字化率据说高一些，但也没有超过60%。在服装、皮具、鞋帽、珠宝、五金等中小企业集中的传统行业，这个比率甚至更低。难怪微软前数字化首席技术顾问管震很是疑惑："既然数字技术是未来趋势，为什么大部分企业的数字化进程缓慢？"

当科技的理想主义照进产业与企业经营的现实中时，市场与企业表现出了既关注又迷茫的矛盾态度。其中，民营企业家的焦虑最为突出，尤其是传统制造业企业。他们长期扎根于某一个传统行业，虽然积累了大量的行业经营和管理经验，但受限于自身学历和日常管理精力有限，并没有太多的时间集中学习包括数字化在内的前沿技术和新知识。尽管前有美的、华为等一众头部企业数字化转型的范例，但真正轮到自己上场进行数字化转型时，多数传统企业却面临着"看不懂、想不透、做不到、做不好"的难题。他们或许有数字化转型以及数字化商业经营的想法和动机，但面对数字技术如何与自身企业经营管理相结合的问题却无能为力。他们需要深入的数字化管理变革咨询，但却没有大量的资金和时间去委托一家或几家咨询机构来辅佐这一变革。他们在培训市场、网上书城甚至是抖音平台里热切地寻找着所谓的答案，但在这些地方得到的答案却常常或空泛不着边际，或高深不接地气。

在过去两年多的时间里，我们走访调研了大量传统企业，从这些企业经营者口中了解到了传统企业面对数字化转型的各种困惑。归纳起来，传统企业数字化转型的挑战来自四个方面。

第一，缺钱。"这个要花多少钱啊？"——许多老板在谈到数字化的时候，首先关心的就是这个问题。不少传统企业在数字化转型的大趋势面前有一种"心比天高、命比纸薄"的无力感。参考一些流传甚广的数字化范例（比如"灯塔工厂"），不但资金投入巨大，而且耗时也长。这令不少传统企业老板产生了"这不是我能玩的"的畏惧心理。更有甚者，干脆把数字化转变成某种噱头，当作打响品牌和圈钱的幌子，"挂羊头卖狗肉"。所谓的缺钱，并不是说多数传统企业缺乏数字化转型的初始投入资本，而是他们没有看到数字化转型作为一项投资的明确回报以及回报周期。事实上，就连今天一些被政府认可的"智能化工厂""智能化车间"的数字化转型典范类企业，都并不能保证其前期的数字化转型投入能经受住市场环境动态变化。再加上近年来受新冠疫情等影响，全球消费萎缩，这也加剧了不少外向型传统企业资金流动的困难，使得它们对于任何追加投资都变得更加谨慎。

第二，缺人。"你们能不能帮我物色个人来管这个事？"传统企业自身的经营管理队伍往往学历、素质普遍偏低，长年缺乏内部培训，员工（包括老板本人）欠缺学习能力与学习态度。所以，面对数字化转型这只"新螃蟹"，许多传统企业寄希望于具备成熟知识体系与经验的专业人士。当然，这也给了很多从"大厂"出来的专业人士施展拳脚的机会。我曾亲眼见过一个从某一线大厂被挖到传统企业的职业经理人，开起会来振振有词，但一到工厂车间或部门现场就无计可施。这里有一个恶性循环：懂数字技术的未必懂具体行业业务，懂业务的未必懂数字技术；传统企业中空降个懂数字技术的高管，实质上往往很难让行业业务经验丰富的"老油条"们信服；而高管不懂（有时也不尊重）传统企业的主营业务，只能瞎指挥，烧钱走自己熟悉的完全数字化道路；企业越舍弃原有业务范畴走"数字化路线"，老员工们越看不懂、跟不上，就越缺乏动力，越"躺平"。传统企业数字化人才梯队建设的系统工程，其基本前提在于企业要明确数字化转型的具体方向和路径。只有这样，才能对各个关键岗位提出融合行业经验与新技术新理念的具体人才要求。要求明确了，考核才能明确；考核明确了，奖励才能到位；奖励给够了，不是人才也会变成人才。

第三，缺方向。"不数字化，我还知道怎么挣钱；越数字化，我越不知道利润从哪里来。"有不少传统企业在前几年尝试了各种数字化转型的方向，包括但不限于在工厂里上了n套数字化系统，不断重复建设ERP和MES系统，尝试了各种数字营销平台或工具，对员工进行数字化管理等。说实话，一开始还有些起色，但好景不长，最后这样的数字化投入大多没有变现。有的老板做着做着甚至萌生了转行的想法：既然都已经在做自家产品的直播带货了，我不如干脆转行做直播，帮周围同行业的朋友们都带带货。有的老板前期做了宏大规划，摩拳擦掌，要大干一番，结果数字化投入一年多以后不见收益就开始慌了。为了快点变现，从过去规划的"卖数字化产品"转向"卖数字服务"，最后干脆变成"卖数据"了。对企业数字化变革缺乏战略性思考是当今多数企业数字化转型最大的决策失当。数字化转型的战略决策至少要解决这几个问题：转型前与转型后企业战略定位如何平稳转换，转型前与转型后企业关键资源如何在转型的过程中继续发挥优势，企业商业模式如何跟随转型匹配转换等。

第四，缺方法。"数字化转型肯定是大方向，但是目前没人清楚具体怎么转，我们想找个石头摸着过河都不行！只能自己慢慢摸索，走一步看一步。"有的传统企业尽管没有在数字化转型中迷失或偏离企业发展方向，但却遇上另外一个麻烦——不知道如何从"非数字化"走向"数字化"。经过一次次摸索，它们可能还是原地踏步。有的传统企业好不容易搞明白了某项数字技术如何与自身结合，这时候又涌现出了新的前沿技术。这下它们就陷入了焦虑："我好不容易弄明白这个，结果人家已经出了那个了，还是落后了！"有的传统企业采用了"见效快"的转型方法，却不知道这实际上是一条"舍本逐末"的转型路径。刚开始建这个平台、搭那个中心，虽然看着都建立起来了，但却保持不了多久。必须看到，数字化转型是一个技术升级与企业管理变革交织的企业转型战略，其复杂程度远胜于之前的任何企业变革。没有通盘的转型规划、系统性的方案设计、全面的组织动员、动态的过程监管，再大的企业都难以数字化转型到位。

归根结底，中国企业数字化的核心矛盾是：广大传统企业日益增长的对数字化、智能化生产经营和管理工具的需求，与绝大多数企业家数字化战略思维缺失之间的矛盾。一方面，企业都在积极寻求数字化和智能化的设施设备、系统软件或平台服务等工具，以提高运营效率、降低成本、提高决策理性程度、降低风险。但是，由于企业高层往往缺乏对企业数字化经营在总体战略层面的系统思考与决策，因此企业往往花了很大的成本和精力，却只能在过去的生产运营流程中进行局部的、基层的数字化替代，而很难基于数字化转型后企业的数字技术与系统、数据资源以及高效能力来提升企业总体价值创造的维度和范围、扩大企业利润空间、强化和升级企业的竞争优势。因此，多数在前几年投入数字化转型的企业发现难以实现盈利，有的甚至连数字化投入的成本都收不回来。

在这一核心矛盾的基础上，还存在两个表层的矛盾。

第一个是广大传统企业日益增长的对数字化、智能化生产经营和管理工具的需求，与绝大多数企业经营管理过程记录与数据基础薄弱之间的矛盾。很多企业一厢情愿地认为依靠一套数字化、智能化的系统就可以实现企业升级。其实，单纯依靠软件，只能替换日常基层员工的生产经营流程中那些繁琐的操作环节。而真正意义上的企业升级，必须依靠反复挖掘企业使用系统的过程中不断沉淀下来的经营数据；对过往数据的挖掘才能帮助企业提高整体决策效率、系统优化业务流程体系。然而，大多数企业在数字化转型前的日常管理并不重视经营过程中对记录和数据的保存与管理，在数字化过程中也缺乏相应的数据治理意识和治理体系。因此，多数企业在进行数字化转型后发现企业"有软件没数据"，只能发挥数字化技术对企业最表层的赋能作用。

第二个是广大传统企业日益增长的对数字化、智能化生产经营和管理工具的需求，与企业职业经理人和中层管理团队数字化管理方法论不足之间的矛盾。事实上，在数字化推行过程中，抵触最大的就是中层管理者，尤以部门级管理者为代表。任何数字化系统部署都使他们原本的（部分）工作变得透明。从长期看，这使得他们在组织中的价值有被替代的风险。然而，他们往往整日陷入在原有组织架构的无效或低效的事务性工作中，难以系统深入地学习数字化管理知识（另外，目前数字化管理理论体系也并不成熟和完善）。因此，推行数字化、发挥数字化企业整体运营升级的效果需要依靠中层管理者，但他们又普遍地缺乏数字化管理的基本方法论和管理思维。

因而，传统企业要转变为数字化企业的最大挑战，其实是战略认识上的模糊：对未来数字化企业战略定位、经营模式缺乏清晰的远景构想，对数字化转型过程中企业如何构建与保持优势缺乏准备，对传统企业如何一步一步完成自我变革、脱胎换骨，蜕变成为一家数字化企业更缺乏一整套实施方法。一句话，传统企业最缺乏的是清晰的数字化转型战略方向与远景轮廓，以及数字化经营管理的方法论。这也是本书的任务。

2. 本书的目的与结构

2016年，我还在广州市社科院工作时，就为市政府撰写了关于广州市大数据产业的分析报告。这份报告可以说是市里收到的第一份正式的大数据产业分析报告。虽然我对数字化的观察与调研开始得较早，但真正开始认真思考与研究传统企业数字化转型则缘起于2020年我与微软（中国）前首席人工智能技术顾问管震的第一次"对话"。管震有一次在广州一个小范围的沙龙里提出了"中国企业数字化的三个问题"。我在现场听完，当天回去就写了《好问题与真问题》这篇公众号小文章[①]，回应他所提出的问题。在这篇文章中我只谈了一件事：一切不以提升企业核心竞争力为目的的数字化都是"耍流氓"！围绕核心竞争力的战略管理蜕变才是数字化转型的内核。此后，这一思想也成了我研究与教学企业数字化战略管理的中心思想。

在过去的两年里，不是数字化技术相关专业出身的我一直在用战略管理的理论思维来诠释部分代表性企业数字化转型的成功经验。同时，也用

---

① 微信公众号"GBA 产业加速中心"：《好问题与真问题——由管震的沙龙发言伸发开来》，https://mp.weixin.qq.com/s/iBk9FXuekw5rUzcLks3qCQ。

战略管理的基本思路来跟踪指导甚至服务几家传统中小企业的数字化战略管理探索。令我意外的是，那些看上去管理原始、内部人才队伍基础薄弱、行业或生产模式传统老旧的传统企业，在逐步进行数据体系构建、数据分析以及数字化转型之后迅速获得了显著增长（至少到我写这本书的时候，它们都还活着，而且活得比以前更好）。

但是越深入研究数字化，我越失望地发现，学术上和理论上的数字化转型与今天大多数传统企业的数字化转型实践渐行渐远。当今管理学理论的一些所谓"前沿"与企业实践本就有脱节之态，再加上传统企业管理者多数不太懂数字技术。因此，从技术和理论出发的许多论著，虽然无比正确，可就是让传统企业家看也看不懂，懂也不会做，做也做不好。

因此，我萌生了一个想法：为那些只有传统行业管理经验而没有太多数字技术知识储备的企业家和管理者们写一本他们能看得懂、能照着做的数字化企业战略管理的书。

本书将读者群定位于这样一批企业家或管理者：他们或是在传统行业深耕多年，准备或已经开启数字化转型；或是拥有一定数字化业务或管理能力，正苦于如何发挥数字技术的价值并构建自己在新市场场景中的竞争优势；或是拥有某种数字技术的科技型企业或初创企业，准备或已经进入某一行业场景中，正在摸索如何用技术改变行业或市场以创造价值。这些企业家或管理者经过了一段时间的业务数字化或数字业务化的实践摸索，对某类数字技术有相对清楚的认知（尽管并不专长），但现阶段都面临一个经营管理上的共性难题：如何发挥数字技术的优势，提升经营管理的有效性或效率？如何利用数字技术，使企业在数字经济场景中的经营获得更大的优势？

本书不是一本技术专家写的"有哪些数字化技术，如何使用这些数字化技术"的书。我们只是将过去两年指导和陪伴传统中小企业走上数字化转型战略蜕变的过程加以总结，归纳成一套企业数字化转型的战略决策过程与管理方法。本书旨在提供一整套战略管理的思路与方法，希望各位跟我一样不专长于技术的企业家、管理者可以从管理的角度出发，看得明白、想得通透、落得了地、组织得起、控制得住自己未来的数字化企业。因此，我们专门选择了一家传统制造业的中小企业作为贯穿本书各章节的示例。选择这样一个案例应该也是一种全新的尝试。几乎已有的介绍数字化的专著都会选择有很高数字化水平、知名度和行业影响力非常大的企业，但我们却选择了一家名不见经传，且在数字化方面几乎"一张白纸"的企业作为个案示例。本书的可操作性就在于：连这样"一张白纸"的企业都在我们的指导下阶段性地完成了数字化战略管理的蜕变，并收到了良好的效益增长，那么谁又不行呢？

天底下没有哪两家企业是完全一样的。虽然不能指望一本书能调众口，但我们还是希望能让多数企业找到共鸣。作为本书的主创者，我偏执地认为改变企业家的"认知"是数字化企业经营的第一步。所以，在本书的前三章，我们试图构建一个数字化企业战略级管理的理论框架，纵观当前中国数字经济的发展方向与趋势，明确企业数字化战略优势的基本方向与类型（第1章），诠释企业数字化的本质，为传统企业家明确数字化企业的内核（第2章），在此基础上提出数字化企业战略管理的总体框架（第3章）。之后的六章里，本书将从建立企业战略级数据洞察能力（第4章）、数字化的战略态势分析（第5章）、数字化企业动态战略决策体系（第6章）、数字化企业动态资源配置体系（第7章）、数字化企业战略过程管理体系（第8章）以及企业数字化过程中的组织学习（第9章）等方面逐个阐述数字化企业战略管理的总体架构以及具体实施过程。

第一篇

理论框架篇

第1章
数字经济浪潮下企业战略的新要求

1.1　数字经济正在成为中国新的国家竞争优势

1.1.1　什么是数字经济?

　　数字经济是继农业经济、工业经济之后的主要经济形态,是以数据资源为关键要素,以现代信息网络为主要载体,以信息通信技术融合应用、全要素数字化转型为重要推动力,促进公平与效率更加统一的新经济形态。①2016年《二十国集团数字经济发展与合作倡议》对数字经济的界定为:以使用数字化的知识和信息作为关键生产要素、以现代信息网络作为重要载体、以信息通信技术的有效使用作为效率提升和经济结构优化的重要推动力的一系列经济活动。②

　　概念界定无小事。政府对一种新兴经济形态的定义蕴藏了这种经济形态的政治经济意义以及未来可能的构成与结构。相比传统经济形态,数字经济

---

　　①　国务院关于印发"十四五"数字经济发展规划的通知［EB/OL］.（2021-12-12）［2022-01-12］.https：//www.gov.cn/zhengce/content/2022-01/12/content_5667817.htm.

　　②　二十国集团数字经济发展与合作倡议［EB/OL］.（2016-09-20）.http：//www.g20chn.org/hywj/dncgwj/201609/t20160920_3474.html.

最特殊的一点是，其在数字技术或产业的供给与消费两个方面分别形成了不同的企业战略群——数字产业化集群与产业数字化集群（见图1-1）。

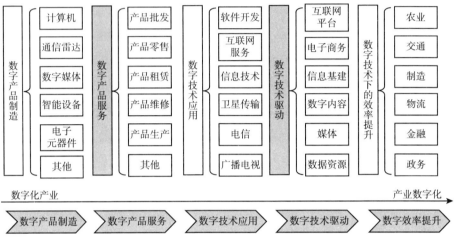

图1-1　数字产业化与产业数字化的行业分布

专注数字产业化的产业和企业集群致力于为社会提供各种数字化的技术、产品与服务。数字产业化的来源包含数字技术的基础研究层面，这些机构或创新者以数字科技核心和基础技术开发为主，并试图将这些新技术或新产品产业化推广。另外，数字产业化还包括从事数字化产品开发的企业，它们虽然自己不从事基础数字技术开发，但是以数字、智能技术专用设备或软件开发、生产为主，为特定行业或客户群体提供数字化的产品或服务。

而专注产业数字化的产业和企业集群则属于数字技术的应用产业或场景。本质上，它们是数字技术的使用方和需求方，但由于现阶段数字技术很少产生有针对性的产品或服务，所以不少应用数字技术的产业都会主动搜寻和学习数字技术及其基础性产品，通过立足于行业场景的二次开发或集成创新，为所在行业创造应用数字技术的商业模式，也提供相应的数字化产品或服务。

1.1.2　中国数字经济发展现状

不夸张地说，数字经济已成为我国的国家特定优势。

2021年数字经济总规模达到45.5万亿元（见图1-2），较"十三五"期间，同比名义增长16.2%。数字经济占我国GDP比重达39.8%，较"十三五"期间上升9.6%。①无论是增长速度，还是产值占比，或是产值占比的增长速度，数字经济都是我国当之无愧的经济引擎。经济新常态下，数字经济几乎已经渗透到所有产业，数字化正在为多数企业或产业提供增长的新动能。

2022年，我国数字经济规模达到50.2万亿元，同比名义增长10.3%，已连续11年显著高于同期GDP名义增速。数字经济占GDP的比重达到41.5%，相当于第二产业占国民经济的比重。②数字经济的最终需求规模决定了上游产值与创新投入。2022年数字用户规模达到10.67亿人（见图1-3）。③

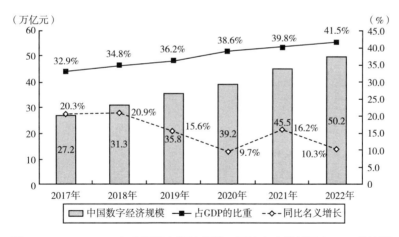

图1-2　2017~2022年中国数字经济规模、同比名义增长及占GDP的比重

① 中国数字经济发展报告（2022年）［EB/OL］.（2022-07-08）.http：//www.caict.ac.cn/kxyj/qwfb/bps/202207/P020220729609949023295.pdf.

② 中国数字经济发展报告（2023年）［EB/OL］.（2023-04-27）.http：//www.caict.ac.cn/kxyj/qwfb/bps/202304/P020230427572038320317.pdf.

③ 数字中国发展报告（2022年）［EB/OL］.（2023-05-23）.http：//www.cac.gov.cn/2023-05/22/c_1686402318492248.htm.

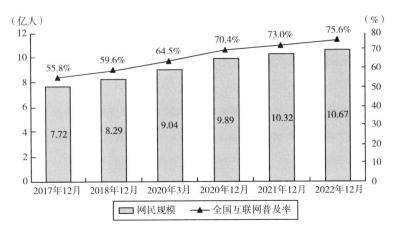

图1-3　2017~2022年中国网民规模及互联网普及率增长情况

　　从结构上看，产业数字化在中国数字经济中占主导地位。2022年，数字产业化规模达到9.2万亿元，产业数字化经济规模为41万亿元（见图1-4）。[①]而仅就笔者对企业数字化转型的观察而言，未来数字产业化与产业数字化在规模上的差距将继续拉大。

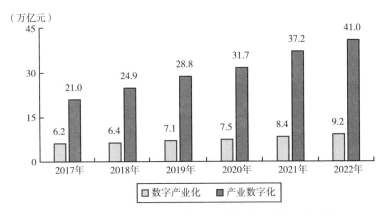

图1-4　2017~2022年中国数字产业化和产业数字化规模

　　我国数字经济的这种结构性特征，主要是依托我国传统产业庞大的产业应用场景。现阶段，数字经济在传统行业中应用和推行数字化升级

---

　　① 中国数字经济发展报告（2023年）［EB/OL］.（2023-04-27）.http://www.caict. ac.cn/kxyj/qwfb/bps/202304/P020230427572038320317.pdf.

所能产生的价值非常大，增长空间更为广阔。与之相对应，数字技术及其设备直接作为产品或服务，培育专门性市场与产业链。可能需要产业数字化发展到了一定阶段后，辅之以相关法律法规的完善，才能最终发展起来。

1.1.3 中国数字经济的国家竞争优势结构

分析研判一国的产业国际竞争力或国际竞争比较优势，可以采用波特的钻石模型。波特当年构建了钻石模型，从产业结构与龙头企业战略、要素资源、需求以及配套与关联产业四个方面来分析某个产业在某国的国际竞争力（称为"小钻石"）。而后，他又在这个"小钻石"模型基础上添加了两个附加维度——政府和机遇，从而构成了今天常见的分析产业国际竞争力的波特钻石模型（见图1–5）。本书中，笔者以钻石模型作为分析我国数字经济国际竞争优势的理论框架。

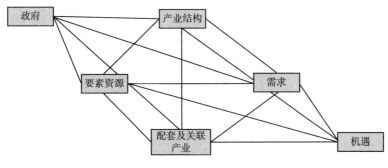

图1–5 波特钻石模型

(1) 数据要素

数据要素是数字经济的重要组成部分，主要包括数据采集、数据存储、数据加工、数据流通、数据分析、数据应用、生态保障七大模块。5G、AI、物联网技术的创新发展及智能设备的规模应用，推动数据生产规模快速增长。2023年，数据生产总量达32.85泽字节（ZB），同比增长22.44%，全国数据存储总量为1.73ZB，新增数据存储量为0.95ZB，生产总量中2.9%的数据被保存。2023年，全国数据总流量同比增长7.6%，消费领域数据交互活跃度较高。公共数据成为引领数据开发利用的催化剂，公共数据开放量同比增长超16%。数据多场景应用、多主体复用难度大，96%的行业重点企业已实现数据场景化应用，但实现数据复用增值的大企业仅占8.3%。[①]

数据服务商处在数据要素产业链的核心位置。数据要素产业链上游主要是数据提供方，重点提供公共数据、业务信息和个人信息的数据。中游主要是数据服务商和数据交易所，负责采集、处理、加工和分析数据等。下游是数据需求方，包括政府、金融、教育和医疗等行业客户。

另外，随着数据交易所数量不断扩容，我国数据交易进入2.0阶段。截至2023年8月，全国已经成立或拟成立的数据交易所（中心）共计53家。[②]但总体来看，我国在数据要素市场化方面的探索仍处于起步阶段，这与产业界长期对数据的重视程度不够和应用范围不广有关。

小结一下：中国有庞大的数据源基础，并正在全面补足、完善数据要素的产业链、市场交易机制与价值体系。目前数据要素仍然在"做市场"阶段，尚未进入"做质量"阶段。

（2）国内数字经济需求

国内数字经济需求规模庞大、增长快。2023年，5G移动电话用户达到8.05亿人，占移动电话用户的46.6%。5G激发信息消费潜能持续扩大，2023年移动互联网累计流量达到3015亿GB。[③]截至2023年6月，我国网络购物用户规模达8.84亿人。[④]同时，我国网络直播、网上外卖、网约车、网络文学和在线旅行预订用户规模持续增长，这表明数字经济终端需求突出便

① 全国数据资源调查报告（2023年）［EB/OL］.（2024-05-24）.https://cics-cert.org.cn/etiri-edit/kindeditor/attached/upload/2024/05/24/04aff7be21d645ef14a467b572fc4b02.pdf.
② 数据要素白皮书（2023年）［EB/OL］.（2023-09-26）.http://www.caict.ac.cn/kxyj/qwfb/bps/202309/P020231103487803108185.pdf.
③ 2023年通信业统计公报［EB/OL］.（2024-01-24）.https://wap.miit.gov.cn/gxsj/tjfx/txy/art/2024/art_76b8ecef28c34a508f32bdbaa31b0ed2.html.
④ 第52次中国互联网络发展状况统计报告［EB/OL］.（2023-08-28）.https://www.cnnic.cn/n4/2023/0828/c88-10829.html.

捷性、情境关联性和社交化等特征。

2023年，许多人都感受到消费需求出现结构性变化，但事实上，居民消费能力并没有减弱，反而是变得更强了。然而，终端市场需求在数字经济下变得更加追求新场景化和体验感。因而，对于一些传统渠道而言，新零售、新互联网场景对用户需求的争夺是难以抵御的。目前，数字经济正涌现出一批极具潜力的场景，包括（但不仅限于）AIOT可穿戴智能设备的数字化社交场景、智慧家庭的生活场景以及智能汽车场景。

国内数字消费需求呈现五个突出的趋势。

一是数字消费需求规模大，增长稳定。我国目前有超过10亿人的数字经济需求，这是全球鲜有的消费规模优势。

二是数字消费移动化。我国数字消费已经从PC端转移到移动设备端。移动端的数字消费更加便捷和快速，也对数字经济从技术到商业模式提出了更高要求。例如，美团、滴滴、京东等移动端软件（App）在很多人日常生活中占据了重要的位置。

三是数字消费行为个性化。个性化是中国数字消费者有别于其他国家消费者最大的特点。来自普华永道的报告显示，中国数字消费者在选择品牌时，对个性化的要求高于欧美国家的消费者。[①]

四是数字消费社交化。社交化是当前我国数字经济消费需求的突出趋势。数字消费者购买行为的重要特征就是强调消费意愿中的社交需求，以及产品服务的社交属性。直播电商、社区团购、社群营销、私域运营等新零售渠道模式的本质其实都是在社交体验过程中调动消费需求并引导消费，从而完成交易。

五是场景多维化。我们不少人都有过这样的体验：当你看B站时，你的注意力主要是在自己感兴趣的内容上；而当你浏览知乎时，注意力则更多地集中在跟自己心里的疑问类似的问题及其回答上。虽然B站和知乎在内容上有一定的相似度，比如都有时事、财经等的内容，但我们看B站跟看知乎时的心境是不同的。这就是数字化场景对用户的心理与需求产生的具体塑

---

① 参见普华永道，《2021年全球消费者洞察调研中国报告》。

造。根据不同的数字化场景，中国数字消费者的消费行为及需求存在一定程度的分化。在特定场景中会萌生出特殊的消费需求，而这种需求在其他互联网场景中则可能很难被发掘。而反过来，对于一些黏性非常高的互联网场景，消费者普遍倾向于在同一个场景中满足多种消费需要。

上述数字消费需求的特点对国内数字经济企业以及产业结构的重组都提出了新要求和新挑战。

（3）数字经济产业结构

我国数字产业本身产值规模并不大，约占数字经济总规模的约四分之一。其中，2022年电信业营收1.58万亿元，比上年增长8%；电子信息制造业增长7.6%，在中美博弈的大背景下也逐渐走出了谷底；互联网与相关服务业营收1.5万亿元，同比下降1.1%。整个数字产业里，起支撑作用的软件和信息技术服务业拥有规模以上企业超3.5万家，营收10.8万亿元，同比增长11.2%。[①]

（4）关联与配套产业

数字经济的关联和配套产业是当下承担产业数字化的主要行业门类。可以说，在三种产业中，产业数字化都在如火如荼地发展。

首先，工业互联网融合应用大力推动工业增长。根据工信部的相关数据，目前全国具有影响力的工业互联网平台已超过240家，其中跨行业跨领域平台达到28个，覆盖原材料、消费品、装备制造等31个工业门类（二位数行业），45个国民经济大类（三位数行业）。工业互联网是智能制造的前期准备阶段，智能制造则是工业互联网基础上的高端应用。目前，工业已经逐渐成为数字技术和智能技术应用的重要场景。根据中国信通院监测，我国"5G+工业互联网"主要专利数占全球40%，保持全球领先地位。全国开展网络化协同、服务型制造和个性化定制的企业比例分别达到39.5%、30.1%和10.8%，有效依托5G和工业互联网构建制造业与服务业的融合发展模式。

其次，服务业目前是产业数字化的重要支撑性领域。服务业数字化转

---

① 中国数字经济发展报告（2023年）［EB/OL］.（2023-04-27）.http：//www.caict.ac.cn/kxyj/qwfb/bps/202304/P020230427572038320317.pdf.

型正以极快的速度领先发展。商务部公布的数据显示，在电商领域，2022年网上零售额达13.79万亿元，同比增长4%。其中，实物商品网上零售额达11.96万亿元，占比超过社会消费品零售总额的四分之一。CNNIC数据显示，在电子支付领域，2022年全国网络支付用户规模达9.11亿，全国完成移动支付1585.07亿笔（同比增长4.81%），涉及金额499.62万亿元（同比下降5.19%）。此外，服务业数字化催生新业态涌现，包括外卖、直播、在线医疗和在线教育等。业态的多元化又极大推动了数字经济场景化发展以及制造业链条的细分与繁荣。

最后，可能是许多人认为的与数字经济关联度最小的行业门类——第一产业，事实上也在通过农业数字化而厚积薄发。农业信息化水平不断提高，农业数字化效果显现，农村电商、数字农业和数字乡村等成为发展亮点。2022年我国农业数字经济渗透率为10.5%，同比增长0.4%；农产品电商零售额达到5313.8亿元，同比增长9.2%，农业网络化水平持续提升。[①]

小结一下：关联和配套产业链条完整、产业基础成熟，这正是我国数字经济发展有别于其他国家的巨大优势基础。有了多元化和大规模的应用场景，数字技术和数字产业就拥有了庞大的实验和创新根基。目前，数字产业与关联产业融合发展，瞄准产业集群与重点产业链环节为主要切入口。同时，由于我国数字经济发展的特殊阶段，数字经济在与传统产业融合发展时，各产业链正在纵向分工与结构上发生重组。

（5）数字经济相关政策

近年来，我国数字经济相关政策正在不断促进数字技术在产业中的应用推广，鼓励数字技术创新，优化数字经济市场营商环境。"十四五"规划中明确了"基本实现新型工业化、信息化、城镇化、农业现代化，建成现代化经济体系"的数字经济宏伟建设目标。[②]同时，"十四五"规划在具体的产业规划中也强调"推动制造业优化升级"，其中包括：①培育先进制

---

① 中国数字经济发展报告（2023年）[EB/OL].（2023-04-27）.http：//www.caict.ac.cn/kxyj/qwfb/bps/202304/P020230427572038320317.pdf.

② 中华人民共和国国民经济和社会发展第十四个五年规划和2035年远景目标纲要[EB/OL].（2021-03-13）.https：//www.gov.cn/xinwen/2021-03/13/content_5592681.htm.

造业集群，推动集成电路、航空航天、船舶与海洋工程装备、机器人、先进轨道交通装备、先进电力装备、工程机械、高端数控机床、医药及医疗设备等产业创新发展。②改造提升传统产业，推动重点行业企业改造升级。③深入实施增强制造业核心竞争力和技术改造专项，鼓励企业应用先进适用技术。建设智能制造示范工厂，完善智能制造标准体系。

另外，《"十四五"数字经济发展规划》更是部署了八大国家战略任务：优化升级数字基础设施：数字经济新基建；充分发挥数据要素作用：大数据、云服务系统、IDC、数据资产化；大力推进产业数字化转型：传统产业数字化转型；加快推动数字产业化：数字创新技术产品化、市场化、产业化；持续提升公共服务数字化水平：数字政务平台、数字政府、智慧城市；健全完善数字经济治理体系：数字交易、数字金融、数字人民币、区块链；着力强化数字经济安全体系：网络安全、云安全等；有效拓展数字经济国际合作：数字产业国际化、国际数字贸易规则、国际贸易法律服务、国际金融担保等。①

1.1.4　中国数字经济的国家优势

基于上述分析，我们很容易发现，中国虽然不是最早发展数字经济的国家，但是目前一定是数字经济综合竞争力一流的国家之一，且数字经济的国际竞争优势仍在提升。目前，我国已经逐步建立起围绕数字竞争力的国家特定优势。所谓的国家特定优势，是指在特定产业门类、经济类型上，全球难以有国家具备类似甚至更强的国际竞争优势。在2008年以前，我国公认的国家特定优势包括要素成本优势（比如土地、劳动力、原材料等）和低端消费规模优势。但是步入经济新常态以后，这个特定优势逐渐模糊。直到我国确立了以数字经济为驱动的经济发展基本战略，围绕数字经济的全新国家特定优势正在逐渐形成。如图1-6所示，在这个钻石模型图中，笔者用引号标记具备国际竞争优势的要素，用虚线标出了存在协同性的具体

① 国务院关于印发"十四五"数字经济发展规划的通知［EB/OL］.（2021-12-12）［2022-01-12］.https://www.gov.cn/zhengce/content/2022-01/12/content_5667817.htm.

产业要素关联；对于关联紧密且优势突出的，用加粗的虚线进行了标注。
图1-6所示的钻石模型中至少包含了我国数字经济的三个不同的特定优势
组合。

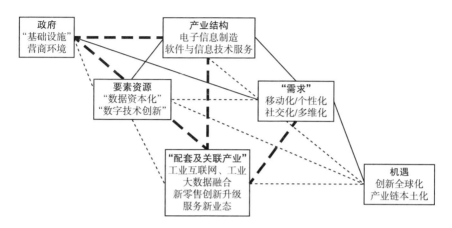

图1-6　中国数字经济的国家特定优势

组合优势一：依托政府对新基建的投资与建设所带来的庞大数字技术
应用场景，我国可以大力发展相关数字技术的产品或服务创新，促进数字
产业在相关场景中的电子信息制造与软件信息服务创新的产业化、产品化；
同时，这些数字产业又可以依托关联产业和配套产业，有效且迅速地实现
在特定应用场景中数字化、智能化技术的应用。聚焦场景化的广泛应用也
反过来推动数字技术在专门性场景中的技术产品升级，实现在该领域我国
数字产业的国际一流竞争优势。立足于场景化投资拉动的技术应用需要，
相关数字产业可以围绕数字经济的共性、基础性技术、设施与服务网络的
建设展开技术创新研发，并试图在规模化之后，拓展和探索广泛应用于多
个行业或领域的基础设施与服务创新，并最终促成以（核心）数字技术为中
心的多个关联产业融合发展的产业生态。

组合优势二：以国内互联网与数字经济需求规模为基础，以终端需求
场景为导向，深耕终端需求，发挥配套及关联产业在满足需求中的主导性
作用，提供数字化产品或服务，推动消费升级。在这个过程中，数字经济
主体力主在应用数字技术满足需求的过程中沉淀数据要素资源，并不断提

升数字要素资源的市场价值。要构建这样的产业优势，就需要围绕行业或场景的需求进行技术、产品或服务开发，并整合多种数字技术，吸收数字技术在多个关联产业中应用型发展或创新经验，进而针对终端需求进行二次开发或集成创新。最终，深耕某一类终端需求场景，形成一系列特定行业或场景的数字技术专利簇与数据要素资源池，并以此为基础拓展黏性需求产业（品）线，或者拓宽同类需求的国际市场，进一步获得规模与范围优势。

组合优势三：瞄准全球数字技术等相关技术涌现与颠覆式创新的趋势，从国际前沿技术趋势中发掘潜在的发展机遇，发挥配套及关联产业在本土化、工业化前沿技术上的基础性作用，力主引进国际前沿的技术创新，进行本土化并融入国内数字经济体系。这就要求一批数字技术创新主体发挥创新"看门人"（gatekeeper）的作用，以若干国际前沿技术趋势为潜在机遇，依托国内的技术人才梯队对国际前沿技术进行本土化转化或二次研发。相关研发团队的远期战略意图应该是在引进国际前沿技术与发挥我国工业配套体系相结合的过程中形成自主核心技术储备。这一优势组合目前在中美博弈的国际局势背景下就变得更加微妙并具有战略意义。

1.2　中国企业的数字化战略：
与时代的同频与共演

在国家数字经济浪潮与产业融合发展的大趋势下，中国企业的数字化逐渐从早期的摸索正式转变为企业转型升级的方向，数字化的范围与层次也从早期单个部门（如销售、生产、人力资源等）的数字化逐渐转变为涉及公司所有运营和管理环节的整体转变。可以说，伴随着中国数字经济的发展和演变，中国企业的数字化在实践内涵上已经历经了数轮迭代。总体来讲，中国企业数字化的实践正处于动态演化的发展阶段。

1.2.1　从跟随技术革命转向主动建立优势

最早的中国企业数字化探索可以从"两化融合"甚至更早的"甩图板运动"开始算起。处于全面技术追赶、经验学习时期的中国企业，对西方先进技术，尤其是计算机互联网等早期数字技术非常痴迷和崇拜。大量中国企业在政府的号召与市场选择的驱动下，紧紧跟随先进技术的迭代，不断更换最先进、最前沿的技术，希望由此缩短中国与西方的技术差距，完成技术追赶。

这种跟随技术革命不断进行企业内部技术升级的"习惯"一直保持到了云计算、大数据技术涌现的时期。因此，中国企业数字化的探索初始是跟随技术革命的浪潮。在很大程度上，当时的企业并不十分清楚数字化对于企业可能带来什么样的改变，而只是本能地希望不要"落后"于科技前沿。

但是如果单纯地跟随并引入革命性技术，企业则会处于持续技术跟随和技术采纳的境地，进而不可避免地陷入"红皇后陷阱"。"红皇后陷阱"是指企业不断跟随技术进步的速度，不断投入资金改善自己的生产设备、技术工艺等，但这些投入并不能为企业带来优势，仅仅能帮助企业"跟上技术发展的脚步"并维持过去的竞争地位。这种境地恰如《爱丽丝梦游仙境》中红皇后的那个国际象棋盘，爱丽丝处于棋盘中，发现棋盘本身也在运动，因此"你要用一倍的速度奔跑，才能维持你原来的位置（position），而如果要往前走，就需要以两倍的速度奔跑"。因此，从本质上看，如果出于跟随科技革命的想法来执行数字化，那么必然会增加企业在技术改造上的沉没成本，未必能改变和提升企业的竞争优势。

所以，随着企业技术改造的"学费"交得越来越多，大家自然而然就开始摸索如何能够通过数字化建立竞争优势。近年来，随着越来越多的中国企业应用数字化技术，大家也逐渐在各自的行业中摸索出了一些利用数字技术建立优势的方法或模式。尽管其中不乏一些不可持续的优势，但是相较早期单纯技术改造导向的数字化而言，这种优势构建导向的数字化还是一种巨大的进步。随着建立竞争优势逐渐成为企业数字化的主导逻辑，追求综合成本优化、利润增量、市场增量和创新优势等逐渐变为企业数字化的直接目标。

1.2.2　从数字化转型变为数字化企业战略

在数字化探索初期，多数企业将自身认定为非数字化企业，因而引进数字技术主要是希望改造自身的生产运营管理模式，提升科技含量以及效率。许多企业本能地将数字化视为一种组织转型、战略转型或是经营方式的转变等，因此业内通常将数字化与数字化转型等同而论。

作为一种转型方式，企业数字化实践的重点在于三种情况。

第一，弥补原有经营模式（包括生产运营体系、管理模式、组织模式）中的不足与缺失，试图用新技术提供的便利性提高运营管理效率。比如，过去许多企业的供应商考核评估都无法真正落到实处，但是有了数字化系统以后，就可以设计好供应商评估的指标和算法，然后一键生成。

第二，提高原有的生产运营或管理活动的效率。比如，提高OA文档管理与共享的效率，提高财务审批和对账的效率等。

第三，强化原有经营管理活动的有效性。比如，大数据客户洞察能更精准有效地帮助企业找到自己的客户，从而更有针对性地分析客户的消费行为与需求。

由于发源于转型，因此随着企业数字化实践的深入，不少企业也陷入了一种困惑：如果以过去的经营模式为主而以数字化转型为辅助，则企业对数字化的投入及变革的力度必然有限；同时，在推行数字化转型过程中，企业各级管理者也陷入对"哪些要数字化""数字化多少"等问题的困顿之中。

另外，也有不少企业在数字化转型前就成功实施了战略转型，立足于自身战略转变的既定方向与路径，引入数字化只是其加快自身战略转变的工具。比如，索菲亚在引入数字化以前就制定了面向行业全链条的战略转型方向；励丰科技也是在将目标市场从舞台声光电设备向文旅空间声光电系统转变的过程中引入数字化，因而较为顺利地实现了战略转型。

随着完成数字化（阶段性）转型的企业越来越多，在自身经营模式中融入数字技术、数字化系统及数字化资源能力的企业也越来越多。换言之，"数字化了"的企业越来越多。但不少企业发觉自己"数字化了"之后，企业的核心竞争力似乎并没有得到质的改变，贡献企业利润的主要支撑要素可能还是传统的资源能力。

总体来看，数字化转型要么增加了企业的产品或服务多元化程度，要么延伸了企业的价值链，却并未提高企业制定战略目标的准确性和前瞻性，没有提升企业配置关键资源的效率与柔性，也未能有效提高企业盈利性和竞争力。

目前，不少企业开始从过去的数字化转型战略向数字化企业战略转变。相比过去的企业，数字化企业不仅增加了一些数字化技术的资源能力，升级了企业价值链中的某一环节（以前称为"信息管理"环节），更不满足于停留在相对于传统非数字化企业的优势。数字化企业在战略定位、商业模式、组织方式和资源配置的体系等多个决策与管理维度上都存在较大区别，这些区别可能并不是在原有经营管理体系的基础上做局部改动所能实现的，而是有必要针对企业战略、商业模式、资源能力组合以及组织架构等方面重新制定一套完整的企业战略管理体系。

因此，未来可能有越来越多的企业不会再把自己视为数字经济的"门外汉"，而是会逐渐开始强调自身在一众"数字化"的同行中构建差异化优势。这些企业开始深入思考如何将数字技术、资源与能力嵌入企业价值链体系，如何与企业其他资源能力之间进行组合与配置，甚至如何提升纳入数字技术、资源与能力之后的核心竞争力。

当企业家不再思考"我如何数字化才能建立优势，超越原来那帮同行"，而是在思考"我如何数字化才能建立优势，超越更数字化的同行"的时候，他其实就是在真正考虑"数字化企业战略"了。

1.2.3　从企业运营管理层面的升级迈向全面深刻的升级

基于前述企业数字化实践的主要特征，即技术跟随与企业转型，在多数情况下，企业的数字化都是"自下而上"，即先从某一个价值链环节、某一部门甚至岗位的数字化转型开始的。这种"自下而上"的数字化遵循的都是技术渗透与推广的基本规律，同时也符合企业"转变、调整"的变革思路。

可是，"自下而上"的数字化却有两个副作用。

第一，难以有通盘统筹的长期性规划。企业无论是对数字技术、软件系统还是数字化管理流程的变革都是零散的，甚至不同部门的数字化改革会存在部分工作、流程或系统模块重复、杂糅的问题。在极端的情况下，一个工厂甚至一个车间里可能有好几套不同的 ERP、MES 系统。尤其是中小制造企业，它们往往找不到针对自己公司特定需求的工业软件系统，又缺资金开发，因此更会出现同一个工厂在不同的生产环节或管理环节采用不同软件的情况。总的来说，企业"自下而上"的数字化往往针对解决各个部门当前运营管理中的个别问题，而非实质性提升各部门整体运营效率。比如，车间里自动化设备的"机器换人"，其结果往往是替代了传统生产流程中个别人工岗位，而不是基于自动化生产设备整体性统筹和重构车间的生产流程，并重新设计"人机法环料"等生产管理体系。自然，这样的数字化只是难以适应环境变化与企业进一步的成长发展。等到全新的战略或组织模式"自上而下"地制定好后，基层部门可能又要重新进行数字化。

第二，很容易出现数据孤岛、数据烟囱等问题。企业"自下而上"的数字化离散而缺乏统筹，其基本出发点就是服务于部门自身的利益，因此，这样完成的数字化只是停留在部门级（甚至更基层）的数字化。等到全公司要把数据打通的时候，就会发现各个部门、各个层级之间的数据根本打不通。这就是常说的"数据孤岛"或者"数据烟囱"。在极端的情况下，这种数据孤岛甚至会导致部分岗位掌握少量但关键的信息，甚至是商业机密。

因此，越来越多的企业在进行"自下而上"的数字化探索之后，就开始转为尝试在原有数字化进展的基础上覆盖公司价值链的全部环节，打通公司各个部门和各个组织层级，建立"自上而下"的数字化运营体系，以便构建和提升企业竞争力。

上述企业数字化的转变恰好反映了中国企业和中国产业逐渐从技术跟随与追赶转变为技术创新与领先，从以学习西方管理理论与经验为主转变为以探索提炼自身发展经验与理论为主，从摸索数字化到全面深刻应用数字化的时代变迁。在这样的历史变迁背景下，面对新时期数字经济浪潮，中国企业也即将面临一系列数字化的新挑战。

1.3　数字经济浪潮下中国企业的基本战略方向

1.3.1　战略导向一：国家战略与政策导向

部分具备相应基础优势的企业，比如国有企业，可能要从地方性政策导向转变为国家战略与政策导向。这类企业大多有国资背景或者是上市公司，长期与政府部门有着广泛而深入的交流或合作。在未来数字经济浪潮下，这类企业往往瞄准国家数字经济重点技术攻关或重大建设项目，并将相关政策方向作为企业经营战略的主要方向。这类企业最理想的战略方向应当是着眼于关键、共性和基础性数字技术创新在各个关联产业的大规模应用上。这种共性和基础性技术在多个产业场景中的应用事实上需要大量资金投入，并需要依靠专门性政策引导与扶持（如鼓励储能产业发展）。这类企业可能不是共性与基础性数字技术的原创企业，但是它们可以利用自身在某些产业中既定的产业优势与资源，推动数字经济融合传统产业，并在这一过程中进行二次开发或延伸性的原创性开发。这类企业常常扮演创新平台（或联盟）构建者的角色，以我国相关产业数字化产品、设备设施开发升级的关键战略目标为导向，广泛组织、有针对性地引导和有效赋能相关创新者和产业界围绕本产业场景内的数字化核心技术进行二次开发（见图1-7）。

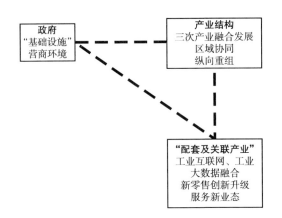

图1-7 以国家战略与政策为导向的企业数字化战略

1.3.2 战略导向二：市场导向

经过几十年的市场经济博杀，我国一大批优秀企业已经树立了以市场为中心的企业基因，并且在数字经济浪潮下仍然会坚持市场需求导向的战略惯性。这类企业往往是"逆向"地参与数字经济。它们首先会深耕于某一行业的终端需求，挖掘并预判终端消费群体的需求、消费习惯与行为等未来的演变趋势。而后它们就会"逆向"搜寻可以满足需求变化趋势的数字技术。这类企业往往以推动产业数字化和满足某一特定行业或场景的市场需求为企业经营战略的主要方向。它们先是着眼于满足终端市场数字消费需求演化过程中的具体场景和应用需求，并很容易发挥自身的产业优势，为特定传统产业提供具体的产业化、场景化技术应用与服务。同时，它们也善于整合不同领域的资源以及不同领域的创新成果，形成满足特定市场需求的产品方案。这类企业也有一定的风险承担性，愿意主导针对某一行业终端需求的数字化产品开发或商业模式创新。在未来，由于这类企业长期深耕行业所磨炼出的数据意识和数据存储分析能力，它们也最容易构建数据资源的"闭环"增长以及依托数据资源的创新生态（见图1-8）。

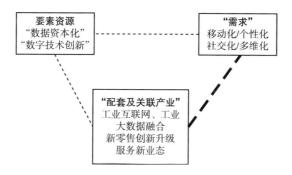

图1-8　以市场为导向的数字企业竞争优势

1.3.3　战略导向三：潜在机遇导向

数字技术创新的"井喷"可能才刚刚开始。未来，国内外围绕数字化、智能化会涌现出许多颠覆性创新。而对于中国企业而言，跟踪国际前沿技术创新风向，立足于本土产业数字化进行跟踪性的技术开发，可能是不少企业在数字经济浪潮下的经营战略方向。依托国内完善的产业配套，全球任何颠覆性技术只有在中国才能发挥其最大经济价值，但一项国外的颠覆性技术真正融入国内某一具体行业领域的过程相当漫长（见图1-9）。因此，中国企业可以以未来3~5年的前沿数字技术、新兴技术为产品化、产业化的对象，敏锐捕捉国际前沿技术的最新进展与成果，抓住核心技术工业化、本土化的契机，并发展出一批根植于国内具体行业场景的数字创新技术。比如，ChatGPT面世以后，未来国内将很可能涌现出一批在特定行业场景中

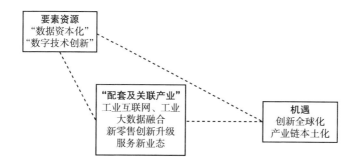

图1-9　以潜在机遇为导向的数字企业竞争优势

应用类似技术的人工智能机器人，在建筑图纸审核、会计审核或审计等相对标准化的领域提供人工智能产品和服务。

1.4　中国数字化企业的全新战略挑战

综上，中国企业在新的数字经济浪潮下面临着"数字化虽是大势所趋，但如何建立新优势依然未决"的全新战略挑战。具体来说，中国企业数字化转型后的业务经营是否可持续，需要应对至少三项战略管理的具体挑战。

一是如何借助国家竞争优势确立企业发展战略？中国数字化企业，无论属于产业数字化范畴还是数字产业化范畴，都需要立足于国家数字经济的发展总体趋势，重新确立企业战略发展方向或路径，适应并利用数字产业融合发展正在逐渐形成的国家竞争优势组合，构建数字经济下企业的新业务方向、经营方式以及纵向竞争优势。

二是如何构建在数字产业融合发展下的新优势？数字化企业需要重新研判和辨别自身所在产业链纵向动态性下的具体竞合情境特征，厘清在数字产业融合发展下自身具体需要构筑的纵向竞争优势要素或资源，以及构建或突出强化该优势的具体路径。

三是如何在数字化中实现企业核心竞争力的构建与升级？在全新的数字经济环境下，数字化企业需要明确原有核心竞争力实现数字化升级的具体资源整合路径，并选择和规划明晰数字技术或资源纳入企业之后的关键资源组合以及核心竞争力内涵。

简而言之，任何战略都应以构建核心竞争力以及可持续优势为根本目的。数字化亦然，一切不以提升企业核心竞争力为目的的数字化都是"耍流氓"！上述战略挑战也是本书后续章节着重阐述的重点内容。

第2章
数字化的本质是什么？

2.1　数字化溯源

"数字化"在今时今日已是一个妇孺皆知的名词。诚然，这个概念之所以流行，是源于目前新兴的数字化和智能化技术创新，但时兴的现象并没有背离其永恒的本质。数字的本质是符号体系，数字化是指将万事万物转化为一套符号体系，便于对人类各项活动进行信息存储、传输、联通或运算，从而服务于各项人类活动。

人类追求"符号化"的历史远早于如今时髦的数字技术。人类创设一套符号体系，用以进行表意与逻辑运算的历史甚至贯穿了整个人类文明史。如果说能做到运算结果有针对性、直接支持人类活动相关决策，甚至引导人类活动的决策，我能想到的最早的应该是占卜。在夏商周时期，占卜的社会功能和地位基本等同于今天的数字化和人工智能决策。可惜夏人留下的《连山易》失传了。后来周文王演八卦，以及再后来的五行术数、支干等，其本质都是一套可计算的支持决策的符号化算法体系，只是上述这些古人的知识至今早已失传。虽然许多尘封的历史已不可考，但是零星的史料仍然向我们阐述着这样一个事实："数字化"其实并不是什么时髦事物，而在如今计算机、数字化和人工智能等技术的加持下，人类几千年来对万事万物抽象理解、记录和运算的追求智慧的"天性"终于可以得到释放。

在技术层面,"数字化"是一个跨越了超过50年的技术革命与演化历程所涌现出来的大量技术的总称。第一次信息技术革命带来的"信息化"是数字化的第一代技术表达;"互联网化"成为数字化的第二代技术表达;后来,大数据技术与人工智能技术融合,成为数字化发展到现在最具有代表性的技术表达。再后来,区块链技术在加密算法方面弥补了过去大数据系统的安全短板;物联网技术则进一步将人类可以采集、监控和分析的信息源从"人—人""人—物"交互拓展到"物—物"交互。我们今天既熟悉又神秘的"数字化"技术就终于展现出其全貌。到今天,数字化技术还在不断更新、涌现,甚至还有"井喷"之势。"数字化还有30年。"——这是国内数字化的专家宁振波教授所说的。

数字技术的一次次创新和涌现离不开经济生活(尤其是工业制造领域)的大量需求拉动,并逐渐形成了一个独立的经济形态。数字经济是建设中国式现代化的必然道路。2022年,中国的数字经济规模已经超过50万亿元,占GDP总量超过41.5%。①几乎所有行业和每个行业的所有产业链环节,几乎所有消费活动以及所有消费人群,都正在探索数字化转变,这是一场全面数字化的经济转型新进程。

这场百舸争流、千帆竞渡的场面反映了数字经济第一规则:"劳'数'者治人,不劳'数'者治于人!"

2.2 数字技术到底对企业有什么战略意义?

2.2.1 战略优势≠技术红利

战略管理理论认为的"竞争优势"(或者说战略优势)是自身资源能力应对外部环境的综合性反映。经典理论将获得相比同行业平均水平以上

---

① 中国数字经济发展报告(2023年)[EB/OL].(2023-04-27).http://www.caict.ac.cn/kxyj/qwfb/bps/202304/P020230427572038320317.pdf.

的收益称为"具备竞争优势"。建立优势也是企业战略管理的最终目标。从这个角度看，构建和强化战略优势是企业数字化战略所要服务的中心任务。

然而，由于数字技术创新的"井喷"才刚刚开始，后续颠覆性的数字化或智能化技术将层出不穷，并不断刷新人们对"数字技术"与"数字化生活"的认知。这就可能导致一种误区，即创新的数字技术本身就能带给企业差异化或颠覆性的优势。这种"技术红利＝战略优势"的认知其实从当年互联网泡沫时代就曾于美国兴起。至今，将企业自身的战略优势完全依赖于某种颠覆性技术的企业仍不在少数。创新性技术的确是企业建立优势的重要支撑，但仅仅依靠某个技术革命浪潮所必将扩散化、普及化的前沿创新技术来建立优势，对于任何一家企业都是不可持续和难以巩固的。

当前已面世的数字技术被广泛认为可以帮助企业提升其经营效率，最突出的在于"降本增效"、促进创新、通过网络效应加快传播品牌或产品；另外，数字化还有助于企业提高估值，有利于融资。上述这些可以看作是目前数字技术为企业带来的"技术红利"。但是，采用了某项数字技术也并不等同于企业就一定获得了该项技术红利；即便享受了技术红利，也并不等同于企业就能建立和强化优势。

2.2.2 估值增长？

近年来，不少企业都通过采用一些数字技术来构建数字平台、数字生态，或者通过场景化的数字化产品（如App等）开发实现了高倍数的估值溢价，其中也不乏成功上市者。这就让人们陷入一种误区：数字技术是未来的发展趋势，因此一旦采用了某种数字技术，就可以实现上市。

估值的本质是一个社会对一家企业未来发展潜力的信心标签。现阶段，全社会都认为数字化是趋势，所以一旦一家企业实现了（一定程度的）数字化转型，那么资本市场和投资人就会认为其相比其他没有数字化转型的企业而言更有发展前途，估值必然会有所增加。所以，这样来看，数字化带来的"估值红利"只是一个时代对某种新技术的淳朴青睐。

但是随着数字技术广泛推广以及资本市场自身的周期波动,"估值红利"必然不能持续。从长期看,价值投资者更加注重企业能够真实、持续地创造价值;相比之下,价格投资者往往会在追逐一轮时代红利后,对那些所谓数字化转型的企业进行快速炒作,随后便无情地将其抛弃,导致这些企业的估值大幅下滑。所以,并不是采用了某项数字技术就一定能提高估值,而是在采用技术的过程中切实改善了商业模式、管理模式,实现了经营效率与竞争力的提升,价值创造的效率与所创造的价值都在提高,自然估值就会增加。说到底,数字技术只是工具,有效的战略变革才是估值增长的关键。

2.2.3 降本增效?

"数字技术降本增效"是个伪命题。

无论谈"降"或"增",都有个参照系。如果说参照对象是没有应用数字技术的企业,那么降本也罢,增效也罢,都很容易实现。这恰好是一种革命性技术诞生的初衷。然而,随着数字技术推广,越来越多的企业或主动或被动地采用了数字技术以后,"降本增效"在长期需要对比的对象或参照系就变成了同样采用了数字技术的竞争对手企业。

除非全行业只有一家企业转型为数字化企业,那这家企业才有可能仅仅依靠采用了数字技术就实现降本增效的优势。但随着这项技术的普及,数字技术的任何便利或红利一定遵循"边际效益递减"的规律,所以仅凭数字化技术带来的降本增效不可持续。

甚至,若企业本着单纯依靠技术降本增效的目的投资进行数字化转型,则还存在一个机会成本问题:企业前期为数字化所进行的投入相较于后续在技术降本增效上实质获得的收益是否真的经济?如果单纯认为技术的红利可以永远不竭,而静态地认为前期投入可以用后续数十年里的"降本增效"摊薄,那么这种想法非但不可持续,而且对于一个企业而言是存在较大风险的。

另外,单纯以静态产值或销售数据为参照讨论"降本"也具有不确定性，因为市场需求会变化。对照当下市场环境，以"降本增效"为目标的数字技术未必能在未来市场动态下保持原有的产值或销售规模，这样一来，单位成本与能效也未必能够确保理想预期。

所以，总的来讲，单纯依靠数字技术并不能实现一家企业综合的"降本增效"。经营成本与能效是一个系统性课题，必须依靠管理模式与方法的综合改善才能实现。数字技术为管理提升提供了有效工具，但并不能说单靠技术而忽略管理就能实现"降本增效"。

2.2.4 创新?

数字技术能否促进企业创新其实完全取决于企业的战略选择。

如果企业既定的战略导向是创新驱动的，那么数字化可以极大地放大其创新能效。如果企业既定的战略导向并不是创新驱动的，自身也并没有创新的思维、能力或基础，那么数字技术非但不能有效提高企业创新能力，甚至还会给企业带来不必要的麻烦。

比如，有的数字化平台把创新需求方与创新提供方整合到一起，形成围绕创新产品或创意的交易平台。如果平台本身并没有参与该创新活动的全链条，更没有对创新的实质价值贡献，那么供需双方对接合作久了就必然会在平台之外再加深合作。久而久之，采用了数字技术的平台本质上并没有提升自己的创新能效。又比如，某些加工制造业在其产业链环节专注于给下游品牌设备商做配套零部件。这类企业实质上是不敢做产品创新的，因为创新的配件一旦不符合下游设备的安装标准，则无异于自掘坟墓。

需要明确的是，并没有一种创新模式是"数字化"创新模式。因而，也不可能仅凭采用了数字技术就能实现创新或提升创新能效。数字技术是"0"，企业创新能力是"1"。哪怕这个"1"原本非常弱小，后面加上一串"0"，也最终可以成长为一个天文数字。

数字技术提升创新的前提是，一个企业要有明确的创新战略意图和方向，此外还要有一定的创新基础与能力。数字技术能为这类企业提供海量知识搜寻的工具，乃至一些初步的梳理与分类，也可以搭建敏捷实时的创新交流研讨渠道，还可以做到仿真或预测，为创新工作提供精确化的辅助。但是，数字技术永远不能替代人的创新思维。

2.2.5 网络传播效应?

数字技术相较过去的任何一类技术，都有一种无与伦比的传播力，这可以说是数字技术的独有技术红利。也正是如此，数字经济下的新媒体、自媒体滚动着巨大的流量，为个人或企业品牌带来巨大的传播效应。经济学的一个术语可以解释这种效应背后的规律——网络效应（也叫网络外部性）。近年来，大多数中小企业采用数字技术的首要目标都是扩大产品或品牌的传播效率，希望借此增大销售规模。

很多人只关注网络效应为网络规模提供了指数级增长速度，却忽略了网络效应的另一面——等到口碑崩塌的时候，败落速度也是指数级。在互联网或数字媒体中，那些广泛传播或"流量明星"的生命力是短暂的。今天，很少有人还能记得那些第一代的"流量明星"。表面看上去火热的数字媒介，其实也是一片红海市场。

企业采用数字技术，通过自媒体等方式为自己的产品或品牌进行宣传，这本无可厚非，但是如果认为只要采用数字技术实现了自媒体运营，产品或品牌就可以持续广泛地传播并获取市场份额，那么这个想法就太单纯了。

在数字媒介、数字社交时代，信息透明度极大增加。企业产品或服务的优点可以通过某种数字媒介快速传播；相应地，缺点也会通过数字社交与媒介而被迅速放大。所以，决定能否及在多大程度上利用数字网络效应实现广泛传播，关键并不是技术，而是企业自身的战略定位、优势能力以及传播的核心理念。如果在采用数字媒介渠道之前对客户画像没有清晰的认识，对企业自身的优势和定位没有清晰的认知，对企业针对用户要传播什么样的理念没有深刻打磨，那么企业最终能在网络上广泛传播的卖点都会归结到廉价上。

所以，能否利用好数字媒介的传播效应，广泛传播企业品牌理念与产品特色，实现市场份额的快速占有，其核心并不在于数字技术，关键在于企业自身的市场定位、品牌推广理念以及整套的销售策略组合。

2.3 从技术红利到战略价值蜕变

基于前文所述，我们得从数字化的技术红利里走出来，着眼于企业生产与发展本身。而一个企业生存与发展本质上取决于这个企业创造的是什么样的战略价值。

从企业战略的视角看，"价值"是企业在市场与产业中创造出来的附加值，也可以简单地理解为收入大于成本的部分。所以，战略价值决定了企业能不能生存、能做多大，等等。一切新技术的应用，如果不能为企业带来价值的增长，那么最终必然会被企业边缘化甚至放弃。反过来，当企业要引入某类新技术时，如果不着眼于提升全局战略价值，而只想着一点技术红利，那么这项技术最终也可能很难与企业融合到一起。

数字化并不是为企业简单叠加一个新的竞争力，而是为原有"范围"内创造价值的竞争力赋能，从而提升创造价值的能效。因此，在开启数字化转型之前，如果企业对自身创造价值的"范围"都没有清晰的认识，那么谈何数字化转型呢?

一个企业的战略价值通常要从细分市场（或场景），以及产业链环节两个方向来确定。任何一个企业都有其创造价值的特定"范围"，在这个"范围"以内，企业就能实现附加值（盈利），而出了这个"范围"，竞争力再强也不一定好使。我们可以在两个方向分析和界定企业战略价值的范畴，甚至还能在某些工具的辅助下勾勒出企业价值的"边界"。

第一个就是细分市场或场景。企业能有附加值必然是迎合了某一部分消费者或者消费者在某种场景下的特定需求。因此，搞清楚自己到底在什么细分市场或针对什么需求能产生价值，对于企业而言非常重要。即便是在高度动态的环境中，对细分市场的定位依然非常关键，因为业务的变动只会发生在这个"范围"和"边界"之内，这是底层逻辑。如果没有做到这点，而是对细分市场界定模糊，那么一来要考虑是不是传统意义上划分细分市场或场景的方法对企业自身并不适用；二来也要反思自己过去的经营管理是否太粗放，不够精细和精准。

第二个就是产业链环节。除了细分市场范畴，企业创造价值其实还有产业链环节范畴。对于制造企业而言，产业链环节的稳定性通常更高。毕竟，制造产业链不同环节的工业和技术有时候可能差别非常大。服务业则不然，有的服务业企业总能在不同产业链环节"灵活切换"。无论是固守还是灵动，企业在产业链环节上不同的选择总是带来两个层面的效果：一是为自己创造附加值提供必要的空间；二是改变企业与上下游定价博弈的结构。前者决定了"利润空间"，后者决定了"要价空间"。

另外，企业的战略价值不但取决于外部的范畴，还取决于内部价值创造的过程。哪怕是同一个细分市场或场景、同样的产业链环节，不同的企业仍然能够创造不同的价值。这是因为，不同规模体量的企业创造价值的规模有所不同；不同内部资源的企业为客户提供产品或服务时创造的具体价值点也有所不同；另外，在不同经营理念与思维指导下，价值的边界性也有所不同。任何战略转型，包括数字化转型，最终都必然改变企业内部价值创造的过程，并在价值的规模、复合性以及边界性上改变企业的战略价值。

所以，企业家和战略管理者需要从更全局的角度看待数字化转型。数字化转型不是单纯的技术升级，而是一次战略转变。既然是战略转变，其根本的任务与目标应该要着眼于推动企业战略价值的蜕变。这种价值的蜕变包括两个方面。

一是转移或者拓展战略价值的范围。具体来说，数字化转型应该能服务于企业细分市场、场景的重新选择。新选择的细分市场或场景类型维度应该更加符合企业的优势基础，应该更加突出企业的竞争力。另外，数字化转型应该可以帮助企业为获得更大的价值创造空间以及议价能力而完成产业链方向上的转移或拓展。无论采用什么样的技术、硬件设施或软件工具，数字化转型的战略目标都应该定义为"打造数字驱动的战略价值"。

二是提升企业价值创造的维度。具体来说，数字化转型可以帮助企业突破既有的规模局限而实现价值规模的增长，可以弥补或新增企业价值创造的资源能力，提升价值点的复合度，还可以帮助企业突破原有价值创造与经营思维的边界性和局限性，拓展价值创造的行业或领域。

2.4　数字经济时代企业构建竞争优势的原则

现有数字技术的一系列技术红利归根结底不能直接等同于企业优势，但是数字经济浪潮却从产业融合、纵向不确定性等多个方面增加了企业构建竞争优势的难度。因此，在数字时代，企业构建竞争优势相较于以前需要更加慎重，有所取舍。在选择要构建的竞争优势方面，需要秉承若干原则。

（1）可保持性

任何优势如果不可持续，那么就意味着围绕该优势形成的盈利不可持续。盈利不可持续，也就意味着以该优势为基础的投资回报不稳定。因此，对于企业而言，宁要一个长久但回报不丰厚的生意，也不敢做一个短暂而高回报的买卖——相比回报所必然伴随的风险，短暂的盈利其实很难平摊企业为之付出的前期投入。因此，一个越想专注于某一行业，做专做精的企业，越需要追求优势的可保持性。尤其在数字化转型这样的前期投入巨大、投资周期长的战略决策上，所建优势的可保持性远比任何热点、风口都来得让人踏实。而要想提高企业优势的可保持性，不外乎两种思路：一是韧性思路，二是柔性思路。

所谓韧性思路，即选择或营造某项优势，使其在各种环境变化的冲击下，都不受或少受影响。从前，总有人认为自己认识某某人，融入了某个地方性的圈子，在这个区域就有了某种优势。但在全国统一大市场的环境变化冲击下，这种地方性人脉关系可能就会变得愈发没有优势。这就是典型的缺乏韧性。不少企业因为各种原因，将数字化转型后的优势建立在外部资源基础上，比如外部的商圈资源（人脉资源的升级）、外部的流量资源，甚至是政府的政策倾斜。其实，这样的外部资源就很难持续。一旦环境、风口发生变化，过去的优势就不复存在。

所谓柔性思路，即选择或营造某种优势，使其在面对环境变化的时候能够最大限度地跟随环境转变，从而保持优势。"兵无常势，水无常形。"一个企业的优点如果只机械固定地支撑某一种盈利模式，那么当环境发生变化并制约该优势获得收益的路径时，再大的优势也变得枉然。而只有那些具备高度灵活性，可以更自由转变和组合成为全新产品、服务或商业模式的优势，才能在动态的环境中持续保持和发挥。比如，受新冠疫情影响，一些地区的新房成交量锐减，导致家居厨房电器消费出现萎缩。但是也有一些厨房电器企业瞄准年轻人下厨的新需求，转而做小家电，还有的企业则敏锐地感知到自驾游的暴增，于是转做车载家电、旅行用野外厨电等产品。如果这些企业在疫情到来之前没有建立起关键零部件技术、供应链管理等方面的优势，估计现在还只能"困顿"在正在萎缩的细分市场或场景里。

(2) "闭环"增长性

除了可保持性以外，笔者还强调优势与业务是否形成了"增长闭环"。即便企业现在很有优势，但是如果盲目选择将优势变现的业务模式，时间一久或者是随着业务规模增大，企业的优势就会被摊薄、被稀释，直至消磨殆尽。比如，在快茶饮行业，许多品牌像走马灯一样此起彼伏，每个品牌在刚开始的时候不可谓没有优势。但是，随着业务规模增长，尤其组织架构复杂化，其原有的用料、质量、口感等优势就被逐渐摊薄和稀释。毕竟，口感这个优势本身是满足所有人的，但是快茶饮讲究一个"快"字，几乎每个品牌在拓展规模的过程中都很难收集和保存每个客户的需求反馈。这就导致规模越大，自己过去仅有的优势越难以满足整体需求；而随着规模的增长，"业务"虽然多了，但并不能有效促进自己提升精进当初的优势能力。只有在优势与业务之间构建了"做得越多，学得越多，能力越强，创新越快"的"增长闭环"，才是好的、值得持续深入做专做精的优势。有时候，这种"闭环"并不是单靠构建优势就能够实现，还要考虑业务和经营方式的设计。

(3) 可延展性

不同规模的企业所要具备的优势种类不同。当企业产值为1亿~3亿元时，单一品类产品有优势即可；而当产值规模超过10亿元时，大多数企业都无法靠单一品类产品优势支撑。因此，中小企业有中小企业的优势，大企业有大企业的优势。任何大企业都曾是中小企业。因此，一个企业以现在规模水平为依据构建优势时，必须想到下一阶段如何构建新优势。显然，砍掉旧优势、重建一个新优势是困难的，不确定性也大。所以，上上之策应该是让当下建立的优势具备可延展性，在时机成熟之际，这个优势可以被直接升级为某种新的优势。纵观所有成功的龙头企业，都是在其还处于中小企业阶段或成长初期就夯实了某种优势，并一步一步不断将这一优势做强，一直做到"人无我有，人有我精，人精我特，人特我新"。有趣的是，笔者通过研究发现，当配合以数字化技术为代表的技术红利时（降本增效、网络效应、促进创新），企业任何一点点优势，哪怕是很小的优势，都可能被迅速放大。数字化技术提供给企业延展原优势、做强原优势和"原地起飞"式升级优势的技术支撑。

数字技术的确提供了强大的工具，但企业利用数字技术实现数字化经营本质上却是一项特殊战略转型。在这项战略转型中，相比于采用什么数字技术、实现什么具体的管理目标，更加重要的是重新构思和规划企业建立何种竞争优势。用原来骑驴的思维和方式考虑如何驾驭高铁是愚蠢的，也是危险的。固守在原有竞争优势的思维里可能很难实现数字技术驱动企业升级的意图，也不是真正的数字化。

2.5　数字化"化"的是什么？

"数字化"不仅是技术层面的革新，还是一种特殊的战略转型。企业战略转型的核心目标在于重塑其竞争优势以及价值创造的经营方式，以更好地适应数字经济时代的浪潮。具体来说，就是要通过数字化手段，实现企业的价值蜕变。在经典的战略管理理论中，升级企业价值的关键在于战略定位的升级。而要实现这种价值蜕变，关键在于优化资源配置，也就是我们通常所说的"资源编排"。这包括对企业内部资源的重新整合，以及对外部资源的有效利用，从而确保企业在数字化转型过程中能够高效、有序地创造价值。简而言之，企业在进行战略转型时，需要明确转型的目标，即实现价值蜕变；同时，要关注战略定位的升级和资源配置的优化，以确保转型的顺利实施和成功落地。

关于企业如何整合资源的问题，我特别喜欢近年来战略管理学界新提出的"资源编排"这个概念。"编排"一词来自英文"orchestration"，这个单词还有一个意思是"交响乐队指挥"。试想一下，企业动态的资源整合确实如交响乐队指挥这般举重若轻。若将企业各种资源比作交响乐团队各种乐器，同一个乐器的演奏家需要分声部，不同乐器的演奏家相互之间协调配合才能共同完成一个乐章。而一部交响乐曲则是若干个乐章的组合，这就需要指挥家（战略管理者）挥舞手中的小棍儿，在不同的乐章（战略执行阶段）侧重指挥协调不同的乐器演奏家（资源）展开不同的协奏（整合），才能最终完成一曲扣人心弦的表演。资源编排理论强调，不同资源按一定结构的有序配置是推动企业动态构建核心能力的关键。在特定的环境要求下，哪怕是相同的优势资源能力集合，不同企业由于编排的结构不同，发挥作用的顺序不同，编排的机制不同，都会产生不同的核心能力。资源编排理论的提出者西尔蒙（Sirmon）等在 2007 年提出，任何一个企业的资源配置或编排的体系结构都可以从结构（structuring）、纽带（bonding）和杠杆（leveraging）三个基本维度来分析。

从这个意义上讲，企业数字化本质上是要实现改变价值创造的定位以及相应的资源编排，从而释放出更高的价值。

企业数字化转型的过程中，其新价值定位的选择实际上与原价值定位存在一定的关联。而其新资源编排之所以得以成功构建，一方面得益于数字技术的支撑，另一方面也可以看作是延续原资源编排的某种经验。战略转型的长期经验与研究表明，没有哪个成功的战略定位可以脱离原定位；没有哪一个战略在转变时能够丢弃原有优势能力而另起炉灶来构建全新优势能力。实质上，企业数字化的战略转变过程中，其关键在于将过去经营中的合理、有效与核心部分的"知识"（包括显性知识与隐性知识）都"数字化"到全新的经营体系中去，释放原有知识的价值，并不断与新的经营经验整合成为新的知识。所以说，数字化"化"的是知识。

首先，企业原有资源编排的经验知识是其选择新定位的基础。俗话说："人只能赚认知范围以内的钱。"企业的知识是构建优势的核心。企业在某一个特定的时代和环境下成功地构建优势的资源编排体系，包括资源编排的结构或模式等本身，就是企业重要的经验知识资本。只是这种知识原本可能分散在不同的部门和组织层次，并以显性与隐性知识的形式分散在不同人员的认知与经验里。而数字技术或系统恰好把原有的资源编排组合、结构以及流程模式等知识正规化、系统化甚至算法化，并整合到了数字化系统中。企业原资源编排的各种隐性和显性知识会通过企业数字化的转型过程被转化为数据库、数字化系统程序以及流程等数字化的知识，这一过程称为"原资源编排知识的数字化"。

原编排知识被数字化以后，企业就可以在数字平台和虚拟空间中，将原编排的经验或模式与不同的需求或市场情境进行动态匹配，并帮助企业搜寻最有效地发挥企业原编排知识并创造最大价值的细分市场或独特需求，这一过程称为"原编排知识的新价值发掘"。由此，企业就可以在全新的市场环境下重新考量自己的价值定位，重新界定自己的业务范围与边界。

围绕新价值定位的选择，企业需要进行一轮"扬弃"。企业需要慎重地辨析原有定位中需要坚持的部分，以及必须要调整的部分。数字化可能引起企业价值定位的转变，但其价值创造的中心产业链环节却需要坚持。这就是传统战略理论所说的"坚定承诺"。在坚定战略承诺的基础上，企业所聚焦开展业务的方式与范围才有可能随着数字技术、数字化渠道与市场的转变而有所改变。

其次，伴随着价值定位的转变，企业资源编排也必须有所"扬弃"，匹配新定位。将原资源编排的运营体系与模式转化为数字化系统，这只是企业的一个重要基石，之后企业还要将这些原编排的知识进行"扬弃"和转移，以应对满足新战略定位的各种全新需求。企业的数字化能帮助企业聚焦于新价值要求，突破原有的行业边界来构建资源组合，这一过程称为"新价值导向的新资源组合"。企业的数字化有力地优化了企业编排的核心资源构成，并且可能将企业原有资源的纽带升级或替换成数字技术或资源。这样，企业要编排的资源组合就扩大了，多样化了，也复杂化了。针对所要编排的新资源组合，一个紧迫的问题是如何整合这些新的资源？企业整合外部资源的主要手段也可以相应升级为数字化平台、生态等形态，从而实现更大范围（甚至跨行业）和更高效率的资源整合。而数字化企业资源编排的核心构成是数字化升级后的产品研发与标准化体系资源，同时资源编排的备选模式或形态也大幅增多。

需要明确的是，在这个新资源编排中，仍将蕴含着企业原资源编排的核心资源构成。这是企业原资源编排的惯性使然，也是企业数字化转型过程中能够有效适应新价值定位（需求）而编排资源的根本支撑（而非针对新的定位另起炉灶）。所以，企业针对新的价值定位，需要有能力进行"扬弃"，辨析自身原有资源编排中哪些部分是关键的，哪些直接与企业战略承诺的资源相关联，并通过适当的方式有效地转移、纳入新的资源编排体系当中。

最后，针对新资源编排的设计，企业将拓展自身的外部资源整合范围，也就是扩展其战略生态。当企业按照新资源组合来整合内外部资源时，往往面对整合新的、陌生的外部资源的困难。而数字化系统或企业数字化的知识资源则有可能扮演整合与协调各类资源的纽带作用。数字化系统虽然在建设之初并没有被企业赋予这样的功能，但却在数字化转型之后，在本质上扮演了吸引跨界资源的重要纽带作用。由于数字资源在整合内外部资源中的纽带作用，企业也顺理成章地通过数字化平台或工具来扩大其资源整合的范围与规模，这一过程称为"新价值导向的新资源吸收与整合"。企业针对在新价值导向下最需要整合的资源（包括跨界资源），可以重新构建资源整合与创新生态。

总体来说，数字化帮助企业实现新价值创造的过程机理包含了四个独立且相互关联的过程：①资源编排知识的数字化，即通过数字系统构建实现资源编排知识的数字化转换；②原编排知识的新价值发掘，即在互联网空间中将原资源编排知识与新市场需求进行匹配，确立新价值；③新价值导向的资源组合，即通过数字化模式（平台）吸收整合外部资源；④新价值导向的新资源吸收与整合，即根据"数字资源+原关键资源+新资源"的新资源结构打造数字化内外部资源纽带。通过"编排—知识—新价值—新编排"的过程机理，企业在数字化转型中就能针对新价值定位转变，有效地将原资源编排构建出新的资源编排（见图2-1）。由此，企业在数字化转型的过程中就能实现"原编排知识—新编排构建—新编排知识"的动态编排，推动企业价值创造循环演进。

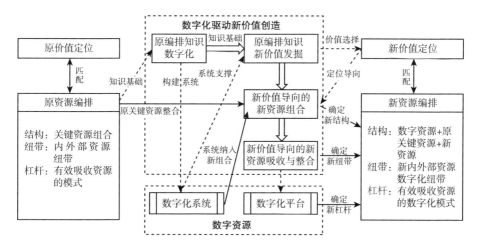

图2-1　企业数字化转型中的动态知识—资源编排过程机理

新技术的涌现与发展成熟需要一个过程，而企业往往先声夺人地采用新技术并探索创造新价值。数字化浪潮中，企业在技术、经济体系都尚未成熟的时候就先发探索整合数字资源，但并非所有正处于数字化转型的企业都明确整合数字资源创造价值的内在规律。

2.6　企业迈向数字化的关键前提

2.6.1　"一把手"挂帅

企业的数字化如果只是IT部总监工作，那么该企业的数字化一定无法推进。只有企业董事长、总经理这样的"一把手"直接领导，全公司才能统一认识、凝聚力量、搁置争议、协调一致地建设企业数字化体系，并在日后也很好地实施这个数字化体系。在数字化推进的各个阶段，"一把手"

都是解决内部争议、推动数字化全面贯彻到位的重要支撑。如果"一把手"推进全面数字化的决心不够坚定，对数字化企业的整体经营缺乏清晰的认知甚至是愿景，那么这样的"一把手"也是很难"挂帅"的。

2.6.2 树立正确的数字化经营成长理念

企业上下都需要牢固树立数字化经营的成长理念。数字化企业的经营成长理念是以数字技术、数字资源与能力为基础的企业经营基本思想、原则和方法。树立数字化经营成长理念是一个企业成为数字化企业的根本性标志。那么，什么是数字化经营成长理念呢？这样的理念至少包含三个方面的内涵：①运用何种数字资源能力，如何支持企业持续盈利；②如何随着企业经营规模与范围的扩大，提升这种数字资源能力；③对某种数字资源能力的运用需要依靠一个什么样的组织，或者是具备何种特征的组织。企业需要的是树立一个正确的数字化经营成长理念。如果理念都错了，其底层逻辑不符合基本的商业原则，那么这一理念指导下的企业数字化必然走上歧路。辨别判断什么是正确的数字化经营成长理念，不能仅仅建立在数字技术的知识体系基础上，还需要对市场、商业、人性与管理有深刻的理解，需要整合管理学和技术学科的理论与思想。

2.6.3 明确对企业数字化优势的构想

这是企业全面数字化区别于"自下而上"数字化的根本性条件。全面数字化不是所有部门和环节全部都完成了数字化，而是企业对"建立什么样的数字化优势"以及"如何建立这样的优势"的问题有清晰明确的答案，甚至是系统的方案。其中，对"数字化优势"的内涵与界定不能停留在之前非数字化时期的那种优势内涵与界定。企业需要清楚地界定数字技术与资源在这一优势构建中的角色和作用；"数字化优势"不能停留在"自己相对于非数字化的企业而言"的优势，而应该是"自己相对别的数字化的企业而言"的优势。这种优势可能不仅体现在横向市场竞争上，表现为波特曾经阐述的高差异和低成本优势；还可能会体现在产业链纵向上，体现在关联产业网络上，更体现在广泛的商业生态上。因此，若要评价企业数字化优势构思的清晰程度，需要从优势的内涵与优势的边界两个维度展开。即便企业对自身数字化优势内涵想得很透彻了，也未必对优势构建的范围和边界有清晰的认识；反过来，有清楚的"边界意识"也未必意味着企业就对自身要建立什么优势有明确的认知。

2.6.4　构建全面系统的数字化企业战略管理框架

企业全面的数字化必须有全面系统的战略管理框架作为支撑，这至少需要包含三个层面的管理活动。①数字化企业的战略决策与战略制定体系。具备数据导向与数字系统底座的支撑后，企业的战略决策可能是更加动态的决策，战略制定将不再是周期性的规划，而是动态的、快速迭代的过程决策。②数字化企业核心竞争力的组合体系。在数字经济时代，企业核心竞争力源于多元优势资源的有机整合。数字化战略提供精准洞察与分析，助力企业动态调整资源能力组合，构建持续进化的核心竞争力。③数字化企业战略决策与规划的执行跟进与评估体系。战略决策（以定位为核心内容）与战略规划（以构建核心竞争力的资源配置为核心内容）必然需要执行与实施，而对战略实施进展和效果的跟踪监测与评估体系就是数字化战略管理框架重要的内涵。企业需要构建一整套数字化的战略管理框架，以打通战略决策、战略规划、战略执行三个层面的管理活动，实现企业战略发展的动态协同。

2.6.5　全体管理层不断学习，提升数字化认识

最后一个前提是，企业全体管理层必须不断提升自己对数字化的认识。当前数字技术尚处于井喷状态，数字技术的创新迭代可能还有30年。因此，在未来至少30年里，任何一家企业都不敢说对数字技术的应用已经"到顶"了。技术的革新必然催生管理的变革，所以企业管理者需要持续不断地学

习前沿的数字技术，不断搜寻、学习、探索与论证数字化的生产运营和管理解决方案，不断构思和验证数字化商业模式与管理模式创新。这是一个由企业管理层引领，带动全体组织成员共同参与，不断推动学习与进化的过程。事实上，数字化组织学习并没有所谓的学习目标或终点，养成学习的组织文化本身就是数字化企业必需的修炼。

第3章
数字化企业战略管理框架

3.1　经典战略管理框架

战略管理理论自"三安范式"①以来，历经了大半个世纪的理论探索与思辨的沉淀。总览不同时代、不同行业、不同企业的战略管理实践，国内外主流的教材都将企业战略管理活动划分为战略态势分析、战略制定、战略实施，以及战略效果评价与控制四个板块。目前，国内外战略管理教材和理论体系的构建也主要是围绕着这样的战略管理框架（见图3-1）来展开。

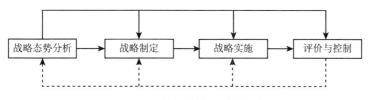

图3-1　企业战略管理基本框架

而经典的战略管理理论、工具和方法更多地集中于战略态势分析和战略制定两个板块。比如，大家耳熟能详的SWOT、PEST、五力模型、价值链

---

① 20世纪50~60年代，安东尼、安索夫和安德鲁斯三位学者奠定了战略管理理论体系的第一个理论流派——计划学派的理论框架，被人们称为"三安范式"。

模型等都是战略态势分析环节所需的理论工具；而定位、高差异/低成本、核心竞争力等理论则是战略态势分析与战略制定环节主要使用的理论工具。许多企业战略管理的理念、概念等尚未有标准化的界定，如使命、愿景、价值观等，它们通常是战略制定环节的核心内容。

经典理论框架中，对于战略实施的理论概念所述较少。这是因为，在学术理论上，通常存在一种潜在假设：只要战略决策与计划做得足够细致，那么战略的实施就一定能成功；反过来，战略实施不成功就是战略制定的问题。所以，理论上通常强调决策与计划的重要性。在战略实施的核心理论中，我们常提到扩展战略，以寻求更大的市场份额和增长机会；调整或转变（型）战略，以应对市场变化或企业内部的调整需求；收缩战略，这是在企业需要精简业务、集中资源时所采取的策略。而在具体执行这些战略时，企业可以采取多种手段，如通过并购来迅速扩大规模，或是建立联盟来共享资源、共担风险，抑或是进行重组以优化内部结构和提升效率。这些战略实施手段并非孤立存在，它们往往伴随着治理机制、运营模式、商业模式和组织模式等多方面的设计和调整。此外，高管团队的构成也是影响战略实施效果的关键因素之一。实际上，无论是并购、联盟、重组等"行为"，还是治理机制、运营模式等"策略"，它们都是具体决策的对象，而这些决策都依赖于对战略态势的深入分析和战略制定的理论逻辑。

然而，在现实中，理论中的潜在假设往往是不成立的。任何宏大精巧的战略设想都是实干出来的，没有可行性的战略等于没有战略。所以，企业往往是在一个动态的过程中"且行且清晰"地制定战略。战略实施与战略决策（制定）并不是泾渭分明的"谁先谁后"的两个环节，而是在一定程度上同步协同的两条路径：战略决策与规划负责厘清战略思路，明确战略方向、任务与目标；而战略实施则负责调动一切可能的资源完成战略部署，达成战略目标，实现战略意图。在完成部署、达成目标的过程中，面对挫折、挫败、意外等情况，企业必须对部分（甚至是大部分）既定战略决策与规划进行调整，即制定战略的过程。而战略实施过程中的成就与挫败，其本身也属于内部环境分析的范畴，应被纳入战略态势分析中。而随着战略实施持续推进，则不断有成就与挫败、正面与负面的信息反馈，因此战略态势也并不是一个相对静态的SWOT分析，而是一个持续、动态的分析过程。

因此，可以说，企业成功的战略实践实质上是一种高度"艺术性"的协同过程，精妙地融合了态势分析、战略决策（制定）以及战略实施（及其评价与控制）三个维度。在这个动态过程中，企业不仅实现了这三个环节之间的相互协同，还促进了它们之间的交互演进，共同推动企业朝着既定的目标稳步前行。无论有没有数字技术，这样的动态协同都是可以实现的，其难度就在于企业自身的管理能力、战略认知的细致透彻程度，以及战略管理相关流程的效率等。

3.2　数字化企业动态战略过程管理框架

相比过去的企业而言，数字化企业具备至少三个基本特征。

第一是"全"，即构建了全面覆盖企业价值链的数字系统。企业生产运营的各个环节、各条生产线、各个部门乃至各个岗位的各项数据都被集成到系统中，并实时汇总、上报给企业高层。"全"的特征实质上要求企业的"毛细血管"里都留着数据。

第二是"智慧"，真正的大智慧不在于找到解决方案，而是在于找准问题。数字化企业对于自身生产运营的各方面情况具有全面、精准和实时的洞察能力，能够深刻挖掘出任何一个阶段管理上的问题。找准了问题，就离解决方法不远了。这才是数据"智慧"而非"智能"的本质精髓。

第三是"数据驱动"，即数据分析要实时反馈到企业各级管理层级，驱动、引导各级管理者为实现战略目标而动态调整决策、计划、组织、激励、领导等管理措施。数据分析的目的是直指管理升级，而非单纯地呈现几张可视化图表。

基于这三个基本特征，数字化企业相较过去的企业具备了更深刻、更细腻、更实时动态的自我洞察剖析和反思的能力。自我洞察能力越强，企业对自身优劣势和经验知识的认知就越精准，就越容易在各种市场和产业环境下选择恰当的方向、定位、模式和举措等，也就越容易建立优势。

有了更强的自我洞察能力，企业就可以依托数字技术、数字化系统，更加精细化、多维度地分析战略态势，为制定战略打好基础。从企业外部来讲，过去的企业只能对单一行业逐个进行产业环境与竞争分析，而数字化企业则有可能在五力模型的基础上分析交叉在一起的不同产业所构成的产业网络。这能让企业更全面地刻画自身所在的产业定位与竞争定位。同时，数字化的分析可以从多角度勾勒一个企业的竞争结构，包括其所嵌入的横向竞争以及纵向竞合结构。而从企业内部来讲，企业数字化系统与数据可视化等分析方法则可以非常精准地刻画与分析企业价值链上的资源能力布局，更好地分析与评价企业关键资源能力的竞争力水平。其实上述这些具体的分析内容都是内外部环境分析的题中应有之义，算不得是数字化企业所独有的。只是企业数字化以后，对内部环境的分析就可以做到实时、连续和精细化，而不用像过去那样周期性地、"一股风"式地进行内外部环境分析。

有了更加细腻、深入、动态、全面的态势分析，战略制定则可以更加精准。数字化企业关于战略制定方面的主要决策内容并未超出经典战略管理理论的基本框架。在数字化浪潮所致的产业融合大背景下，对于战略制定中最重要、最基本的决策事项——企业战略定位，可能要在过去的产业链环节定位、细分市场定位、关键资源能力定位的基础上再加上需求场景的定位。另外，在纵向竞合结构下，数字化企业嵌入建立竞争优势的方式未必只以高差异和低成本来划分，而更可能是以两类纵向优势（终端需求接触和资源主导性）来划分。

相比经典战略管理框架，数字化企业战略管理框架最大的变化应该是集中在战略实施和战略评价两个板块。在过去的理论中，战略实施算不上一个独立的战略管理环节。战略规划的执行，要么可以被继续细分为"小型"的战略决策，要么则被"下放"到各职能部门中具体执行。例如，战略目标中的销售目标被下发到销售部，销售总监绝不可能用战略管理理论框架来指导其部门具体执行，而是依据市场营销原理来指挥销售队伍作战。但是在数字化企业中，除了销售总监要执行销售任务，数字化系统也需要配合战略目标对销售部门的要求，调整甚至重新搭建数字化系统或平台，从而充分保障战略的实施。而当销售部通过数字化分析能力赋能管理过程，进而执行总体战略布局时，企业高管对销售能力的提升、整合、运用效率等各个方面的指标情况都会一目了然。当企业高管对企业自身优势能力的情况了如指掌时，构建不同资源能力之间的组合与匹配则并不再是静态的决策或规划，而是某种可以动态调整的战略管理过程。自然地，伴随着资源的动态配置与组合，企业经营模式也可能相应地做出调整，以有效运行相应的资源配置组合。这里，企业的经营模式可以视作对商业模式、资源整合模式以及组合模式的概括。企业经营模式的设计和动态调整也是可以在数字化系统的数据基础上进行洞察、分析并可视化呈现的。

所有可以被纳入数字化系统中，通过企业数字化系统的底层数据进行计算、挖掘、洞察、探索性分析，并最终以可视化的方式呈现给企业高管的企业战略活动，都可以被纳入企业数字化战略评估的范畴。与经典战略管理采用平衡积分卡等工具不同，数字化的战略评估不仅可以呈现"战略绩效KPI"指标体系式的业绩结果，更可以通过数据运算和挖掘，评估企业特定战略管理活动中（后）建立的优势边界（无论是横向还是纵向的），更可以评估企业整合外部相关方及资源的有效边界。前一个边界评估可反映企业自身竞争力的大小、势力范围的大小以及所处位置等；后一个边界评估则可反映企业的商业号召力、影响力甚至是生态领导力。最重要的是，这样的战略评估并不像过去一样需要进行周期性分析，只要数据齐全，战略评估的周期可以无限缩短。

由此可见，数字化企业的战略管理基本框架并不是对经典战略管理框架的颠覆，而是在继承经典战略管理框架基础上的补充与完善。

数字化企业战略管理基本框架（见图3–2）表明，数字化企业的战略管理是融合了数据分析、数据洞察甚至是智能化算法的全套战略管理体系。数字化企业的战略管理并不一定遵循传统企业战略管理实践的"先决策、再执行、最后评估调整"的序贯过程，而是"动态决策—动态执行—动态评估控制"三个维度的动态过程同步进行、相互协同的过程。因此，有必要完整地构建整个数字化企业动态战略管理过程模型（见图3–3），全面系统地指导企业在数字化时代的经营战略管理活动。

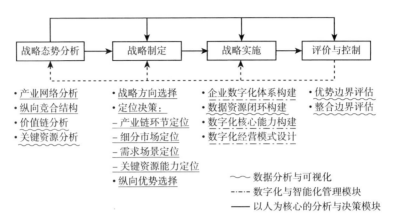

图3-2　数字化企业战略管理基本框架

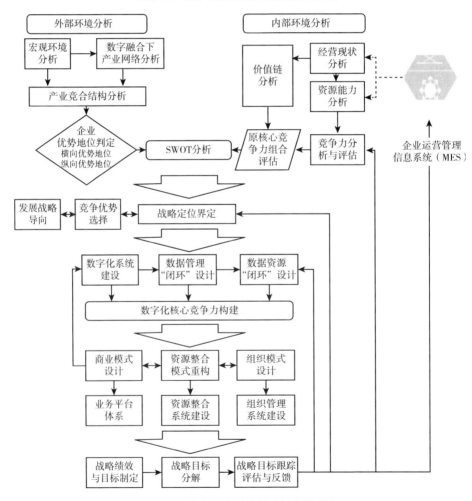

图3-3　数字化企业动态战略过程管理框架

3.3　战略态势的数字化诊断

一如经典战略管理的基本逻辑，数字化企业的战略决策依然是起源于内外部环境分析。传统的做法是，先外部环境分析，后内部环境分析，再将内外部态势情况结合（常常用SWOT模型），梳理和辨析企业当前的战略问题，并找到决策方案。而在数字化系统的赋能下，企业有时也会采用不同的分析顺序。由于数字化能提高企业沉淀自身经营过程中的经验知识，因此就可能出现在某一个行业、市场或场景中淬炼某项业务能力，并"数字化"为一套系统、架构或模式等。当企业对自己的这项内部数字化业务能力有深入的认知之后，就可能转变为"数字业务化"，即向其他行业、市场或场景延伸和拓展。这时候，企业就是先进行环境分析，再进行外部环境分析，然后寻找合适的、与原业务场景有共通性的新产业环节、市场场景，从而为后续扩张或战略定位转移打下基础。

因此，在外部环境分析中，虽然数字化企业在环境分析的层次上如过去那样，主要也是从宏观环境分析、产业环境分析、竞争环境分析等角度展开，但针对数字化浪潮所引发的持续产业纵向重组，企业需要在外部环境分析中侧重分析和研判如下问题。

第一，数字技术、智能技术前沿应用的伦理问题，以及由此可能引起的法律、制度、社会规范变化趋势。数字技术对人类社会最深刻的冲击不在于其对生产力的巨大解放，而在于其可能会彻底改变人类社会的基本结构，比如家庭结构、生命历程，以及个人及社会行为等。因此，企业不能只一味追求技术的前沿性、创新性与寡占性，而是要考虑当下政府体系、法律体系和道德规范等对技术的发展的态度，以及如何规范和约束技术的应用。

第二，数字产业与关联产业交叉融合的产业网络及其演化趋势。数字产业和关联产业的交叉融合是数字化必经的阶段。数字产业和关联产业在趋向融合的过程中会在相当长的一段时间内呈现出两个（甚至多个）产业交又形成网络的情况。这种产业网络分析有点类似波特单一行业五力模型分析与关联行业钻石模型分析的结合，对产业网络演化趋势研判的落脚点则在于行业的国际竞争优势及其趋势，以及国内产业结构的变化趋势。

第三，企业当前所在产业链环节的纵向竞合结构。数字化浪潮导致产业融合，产业融合致使行业纵向重组。纵向重组下企业最重要的竞争优势不在于横向市场上的规模，而在于纵向产业分工上的利润空间与定价权。因此，企业需要分析研判自身的纵向竞争优势地位，以及这样的纵向优势与产业链上的其他企业之间的竞合结构。

数字化企业内部环境分析的重点与过去企业内部环境分析并没有本质差别，主要也还是分析企业价值链体系、资源布局、资源能力组合和竞争力等。但是，有企业数字化系统与经营管理数据存储作为基础，企业内部环境分析就可以更加细腻、深刻和全面。数字化企业内部环境分析可以更加深入和细致地挖掘并揭示企业以下几个方面的深层次资源能力情况。

一是经营现状分析。传统的企业经营现状分析多数依靠企业总体财务数据，以及各主要部门的一些简单统计数据，再辅之以企业管理者的经验和判断。但是有了数字化系统，企业经营的实际情况则无所遁形。经营现状的分析可以精细化到每个产品型号、每个细分区域市场（或渠道），甚至是每个客户所创造的价值。同时，依托覆盖全价值链的数据，经营现状分析就不仅是陈述诸如营收、销售收入、成本结构这样"表面"的情况，而是可以将各价值链环节对绩效的贡献率、各价值链环节对不同产品绩效的关联性等都挖掘出来，呈现企业"藏在表面以下的"经营情况。

二是关键资源分析。以往的内部环境分析，要么是由企业自身战略管理部发起的，通常假定企业过去投入的重点就是企业的优势点；要么是由外部咨询方发起，常常引入一套半结构化问卷，采取相对应的数据。无论是以投入指代产出，还是问卷题项数据，都并不是很直接和客观。在数字化系统支撑下，企业基础数据完全可以反映任何一个部门、岗位在生产、运营任何一个产品时的表现。通过数据挖掘、机器学习等手段，则可以发现对企业绩效贡献最大的数据指标。这样辅助传统的内部环境分析，则可以更有效率、更加客观地反映企业的关键资源能力。

三是企业的核心竞争力组合。分析评估企业核心竞争力是经典战略管理的必备内容。随着时间推移，很多企业已经不满足于核心竞争力，而是围绕研发能力、平台能力、生态能力进行更加深入的研判。但是，上述这些能力都摆脱不了一个事实：这些高质量的企业竞争力都是基础性的资源能力组合的结果。而在过去，企业在进行内部环境分析时，对于核心竞争力组合的描述与评估，有时可能因缺乏统一的标准和深入的数据支持而显得较为随意或主观。这种处理方式导致核心竞争力概念的诠释和应用存在一定的偏差，因而很多人也批评核心竞争力概念"过于主观化"。数字化企业在精细化地分析了企业所有关键资源能力以后，也就可以清晰地给出企业最真实的核心竞争力组合。甚至，高水平的内部环境分析还需要通过过往数据仿真，"孪生"出核心竞争力组合的有效边界，即这个组合对于哪些业务、哪些产品、哪些客户，其优势更明显；反之，对于其他，则优势不明显甚至毫无优势。

在内外部环境分析完成以后，跟传统战略管理的态势分析一样，数字化企业也需要进行内外部态势情况的汇总，并整理出当前企业亟待解决的战略问题。这一过程往往采用SWOT分析。虽然SWOT分析是一个传统的且粗糙的分析工具，但其在战略态势分析中承担的"内外结合"的逻辑功能却至今无任何一个工具可以替代。原因很简单，任何态势分析的结论都必然引向"趋利避害、扬长避短"这样的古老智慧。

3.4　数字化与智能化的动态定位决策

无论采取何种顺序进行内外部环境分析，最终态势分析的结果与落脚点必须放在决策上。经典战略管理理论已经深入探索、揭示和论证了战略决策的层次、类型、内容（或对象）以及决策方法等。而数字化企业的战略决策依然围绕经典战略管理理论的相应内容来展开。在企业的战略决策

（与其他中层和基层决策不同）方面，数字技术无论何时都只能作为决策的辅助，而不能作为决策的主体。主导企业战略决策的永远是人，是企业家精神。只有人，才会有战略承诺坚定与否、如何取舍、战略方向与边界的把握、企业经营的使命和价值观的选择等一系列"人"的决策。而数字化能力、数字化系统只能精细化和动态、实时地反馈相应的信息，如同一个"参谋长"。

在态势分析的基础上，数字化企业需要做出一系列的战略决策。在数字经济浪潮的外部环境下，结合企业内部数字化的业务能力或经营方式现状，企业战略决策的基本内容应该有三个方面。

第一，确定企业在数字经济大趋势下的发展战略导向。这是今时今日不少企业数字化战略所忽略的一个关键点。企业任何的发展战略方向一定要与未来大的社会经济趋势和国家命运相一致。任何逆潮流而动的企业战略选择都是事倍功半的。数字技术虽然增强了企业的能力，但远未达到"无所不能"的地步。自恃数字能力可以颠覆改变行业结构而不遵循宏观大势的认知是危险的。而要遵循宏观大势，最基础的是在具体的战略选择之前，先确定企业如何依托数字经济的国家竞争优势，明确自身未来长期积累的优势类型。根据第1章所述，企业至少需要在政策投资导向、市场需求导向以及潜在机遇导向的基本发展战略中选择恰当的一类，作为具体战略决策的基本逻辑出发点和决策的依据；同时，战略导向的选择也大体上决定了企业构建核心能力的基本范畴，为企业长期持续地深耕某一类核心竞争力提供了准绳。从某种意义上说，战略导向反映的是企业家的某种经营理念或战略价值观，是企业战略取舍与坚守的思维原点与愿景。

第二，竞争优势的选择。在明确了未来发展战略导向之后，企业需要将粗的战略导向决策进一步深入细化为现阶段战略所需要建立的竞争优势。由于嵌入在一个纵向重组的产业网络环境中，数字化企业的竞争优势选择并不局限于高差异和低成本两类（而且不少数字化企业的案例表明，这两类竞争优势数字化企业可以兼得）。在特定发展阶段，数字化企业需要选择并聚焦具体的纵向竞争优势类型。企业需要结合自身内外部环境态势分析，并在战略导向的引领下，（阶段性地）选择聚焦于"终端需求接触"类的纵向优势或者"资源主导性"类的纵向优势。在某些复杂且竞争激烈的情况下，企业甚至需要明确决策，界定要建立两大类纵向优势中的哪一种优势。类似于五力模型中的产业定位，纵向优势定位也旨在明确企业在产业竞合环境中可以建立优势的位置（position），以及选择具体战略定位的基本目标。

第三，动态战略定位。数字化企业需要从多个维度界定战略定位。"定位"这个概念自克拉克提出以来，战略管理理论界的许多学者拓展了其理论内涵。至今，企业战略定位所涵盖的维度应该至少有三个：产业链纵向环节选择、细分市场与渠道选择、关键战略性资源能力选择。数字化企业的战略定位也至少应该从这三个维度界定企业的经营范围、优势边界，以及建立优势的关键资源集合。同时，数字化企业的战略定位又不是静态的，相比发展战略导向与纵向竞争优势两类战略决策，其决策周期更长，决策过程更集中，且更加注重长期信息的综合考量。战略定位决定了企业资源配置、业务选择、组织结构等具体的管理决策，因此数字化企业的战略决策自然也极大地被数字化系统及其所沉淀的企业知识所影响。企业经营数据分析与洞察可以像汽车的仪表盘那样，直观、实时地反映企业实际的战略优势范围，包括实际经营中产业链环节的范围、业务拓展中形成的实际细分市场边界，以及运营管理过程中整合和提升的有价值的资源或能力。数字化系统及其数据沉淀如同企业战略定位决策的"镜子"，可以随时帮助企业"正其衣冠"。因此，数字化企业的战略定位决策可以是一个动态的、循环与修正的决策过程。

3.5 打造数据资源"闭环"

在明确了数字化企业战略导向与优势等决策，并构建动态战略定位决策体系之后，企业的另一个动态的战略活动体系——资源能力整合与提升也必须要提上日程。

相比传统企业，数字化企业最大突出的独特性就在于企业必须面对数字资源这种独特的资源。如果对数字资源不进行有效管理，那么数字化企业则无异于（甚至还不如）一个传统企业。而数字资源的有效管理并不是单纯录入、保存、查询和统计等简单的数据分析应用。

当一个企业构建起了覆盖全价值链的数字化系统，并建立了数据系统底座，这时企业数字资源其实就是企业生产运营各个环节的信息与知识，包括显性知识与隐性知识。因此，数字化企业生产经营过程中的几乎所有资源配置、资源使用和运营行为都可能被转化为数字符号，并"镜像"保存到数字化系统中。而对数字资源的不断挖掘、统计、洞察、仿真等分析研究则有助于企业提升其各项资源能力的运用水平与效率。因此，不断扩充数字资源，不断分析数字资源并反馈管理决策，又会进一步产生新的数字资源……这一过程就是数据"闭环"。

可以说，打造一个数字"闭环"是数字化企业的必修课。这个"闭环"体系不仅仅依靠数字化系统与技术应用。无论软件还是硬件，数字化生产运营管理系统都是为企业保留原始数据奠定基础，但原始数据本身并不会"说话"，要通过特定的数据分析才能得到相应的数据可视化报表，并形成分析结论。而企业多个价值链环节内部原始数据非常琐碎，且并非天然相互贯通。比如，采购数据可能是根据采购批次生成的，与生产订单和客户订单并不直接关联。因此，为了分析企业每款产品或每个客户订单的盈利性或生产效率，就需要找到某种方式来"拆解"采购数据。这种"拆解"数据、连通与合并跨部门数据需要根据企业实际情况，定义数据标签。数据标签可以预先设定，但随着企业经营的推进，往往会面临新的数据标签需求。只有设定好数据标签的逻辑定义群，覆盖价值链的数字化系统才有可能真正实现数据连通与合并。

数据的逻辑定义群并不是随意确定的，而是要根据企业具体的管理问题、管理目标来设置。如果一个企业没有管理问题，或找不到需要数据分析支持的管理问题，那么就无从谈及连通与合并数据以及定义数据标签等。因此，界定企业数字化管理的问题清单，并动态调整、增删这一问题清单，是一项非常重要但普遍被企业所忽略的管理工作。

　　管理问题清单是数据分析与可视化的前提，而数据分析与可视化则是回答管理问题的手段。回答管理问题的结果必然反馈到企业各级管理工作中。由于数据分析的结果只能承载"信息"功能，因此数据可视化与分析最大可能实现的管理价值就是辅助决策。所以，本质上，对数字化资源的运用必然作用于某一项或若干项管理决策。数据分析赋能决策，甚至依托数据分析更深入的智能算法都赋能管理决策（包括战略决策）。而当某些数据分析或智能算法赋能决策收到了正面的结果，则相当于进一步加深和拓展了企业数字化经营管理的经验知识集合。于是，企业在管理上会逐渐整理、沉淀那些有效的、有价值的数字化决策支持模块。这些整理、沉淀下来的数字化管理知识最终将反馈到企业数字化系统的完善和升级上，被作为一种全新的系统自动化功能以优化系统。这样，周而复始，企业经营过程中不断萌生新的管理问题，通过原始数据进行数据分析并反馈支持决策；成功反馈支持决策的数据分析模块可能被沉淀下来，最终优化到系统里，甚至优化到企业生产管理流程体系和制度里。由此，一个数据资源的"闭环"就算构建好了（见图3-4）。

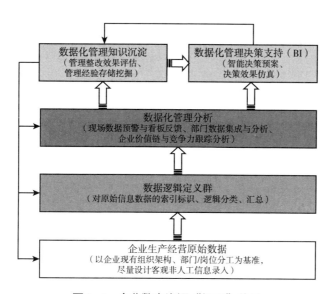

图3-4　企业数字资源"闭环"体系

3.6　塑造数字化的核心竞争力

设计和构建企业数据"闭环"体系只是构建起了企业动态的数字资源成长的循环。但是，哪怕是数字化企业，也不只是有数据资源这一种资源。数据资源要与企业其他关键资源相结合，形成一个优势资源的组合，才能构建具备新颖、高附加值、难以模仿和不可复制的核心竞争力。

在数字化以前，传统的企业战略管理实践已经揭示出：随着竞争逐渐加剧，企业核心竞争力必然是若干优势资源的有机组合。单靠某一类型的资源，无论是资源获取的壁垒还是资源整合的规模，都难以支撑企业构建可持续的、能应对环境动态性的核心竞争力。反之，原本具备一定优势的不同资源之间形成"A+B"式的组合，则更容易实现新颖、高附加值、难以模仿和不可复制的核心竞争力本质特征。这条经验在数字化时代依然有效，还可能越来越突出。

数字化企业的核心竞争力组合中，一定包含数字能力吗？这倒是不一定。但数字化系统可以充当整合不同类型资源的黏合剂和载体，因而数字化企业拥有比传统企业更多样的备选关键资源组合，但这同样也为数字化企业带来全新的挑战——如何分析和选择构建核心竞争力的资源组合？

传统企业由于需要长时间经营沉淀，才能形成一个核心竞争力组合。另外，传统企业由于对自身资源能力成长变化的认识往往是模糊的、长周期的，所以也很少回答"应该构建哪几个资源组合"这样的问题。

而数字化企业则具备更细腻、全面和动态的数据分析与洞察，对企业自身运营管理中的问题进行自我反思与洞察的可能性很高。这就促使企业在持续的经营过程中不断分析，不断发现和确认自身的关键资源。需要注意的是，随着市场竞争环境和需求的变化，数字化企业在不同的阶段，面向不同的细分客户群体，针对不同的产品的关键资源可能不尽相同。数字化的精细化分析有可能揭示出企业在多个资源之间动态转换的情形。因此，对关键资源的界定是一个动态的组织分析和认知过程。针对不同阶段中不同的细分市场（场景）或产品，企业有可能构建不同的关键资源组合，从而塑造针对不同细分市场（场景）或者不同产品款型的核心竞争力。

总体来说，数字化企业构建核心竞争力组合的基本过程包括以下几个数字化的分析与配置步骤：第一，通过数据挖掘与洞察，动态地识别和发现关键优势资源，为资源配置提供基础；第二，设计恰当且合理的资源组合模式实现几项关键优势资源之间的组合，并在优势资源组合中考虑数字化资源能力；第三，为优势资源组合的有效配置与整合重新调整和设计数字化系统，为关键优势资源有效结合及其组合过程提供数字化的跟踪检测与反馈。

3.7　设计数字化的经营模式

如果说战略定位决策还停留在战略制定层面，那么核心竞争力组合构建就是战略执行的前期分析论证。一旦企业选定了关键优势资源作为构建核心竞争力组合的资源支撑，那么企业正式的战略执行就启动了。

数字化企业的战略执行应该比传统企业更加讲究体系化作战。传统企业的战略执行以资源整合为中心，其目的在于最大程度地获取与整合企业所需的关键资源，从而实现既定战略发展目标。而数字化企业战略执行也是为了更好、更快、更多地获取和整合关键性资源，以实现既定战略定位与任务。但是，由于关于"要获取什么样的战略资源"以及"在哪里获取战略资源"这两个问题对于数字化企业而言可能处于高度动态变化，因此企业需要以商业模式、资源整合模式和组织模式"三位一体"的立体化系统来实现战略意图。因此，数字化企业可以以自身既定的经营模式为基础，通过柔性化的生产运营系统以及组织体系，实现经营模式的动态化设计与调整。

首先，根据核心竞争力组合，有必要调整甚至创新商业模式，以使优势资源能力组合更好地产生商业价值，获取客户和市场。在商业模式的设计方面，原本就需要基于客户定位与关键资源匹配设计其他环节。而其他业务运营环节的相应调整，如与相关方（比如客户）的沟通方式、成本构成等，就塑造了特定的业务模式。数字化企业可以以核心竞争力组合的跟踪检测为中心，实现企业具体商业模式的实时可视化，从而为商业模式调整的相关决策和管理活动提供数据依据。

其次，根据核心竞争力组合，构建特定的资源整合模式。资源永远都是稀缺的。一旦确定了构建核心竞争力所需的关键资源，那么如何从外部获取更多这类资源就成为企业做强做大的重要一环。因此，数字化企业需要通过采用一系列手段，设计和构建适宜的资源整合模式。这个模式应针对持有资源的特定相关方，采用明确的资源获取手段（购买、收购或联盟合作）。另外，数字化企业还需要建设一个能够高效率、广泛获取资源的载体或者渠道。比如，针对特定相关方建立关于某种资源的数字化平台，又或者联合多家相关方构建一个协同创新或生产该资源的生态等。这个整合模式需要结合企业自身需求和禀赋，设计好资源整合的程度，确定是完全外包、完全内部化，还是处于某种中间状态。此外，数字化企业需要在数字化整合模式中设计对资源的控制性。这种对资源的控制视整合程度，有大小的区别，也视资源的特性以及企业的组织特性而选择设计特定控制方式，比如股权控制、人员控制、信息控制、风险管控等。

最后，根据商业模式与资源整合模式，构造适宜的组织模式。在商业模式与资源整合模式都设计完成之后，如何让员工们和数字化系统一起"跑通"模式，就成了战略执行上最后的一个重要的课题。不同于传统战略管理常将组织视为战略的"保障因素"，设计一个适宜的组织模式是数字化企业战略执行必要的组成部分。传统企业进行组织上的变革与调整需要缓步推进；而数字化企业则可以依托数据可视化与智能辅助决策，更灵活、高效地调整组织架构与人员、部门分工。新设计的组织流程也可以通过各种管理信息系统引导和约束员工的工作行为，从而更高效地推动组织变革。在这样的条件下，持续、动态、柔性化的组织模式设计与调整就可能成为数字化企业所必需的一项"修炼"。数字化企业推动组织模式变革设计需要以关键资源整合模式和商业模式为依据和参照，并时刻保持与这两种模式的动态协同匹配。所以，采用超矩阵制或者中台组织模式，运用数字化系统平台实现部门间分工与协同，通过数字化系统进行KPI目标分解，实现智能化关键岗位人员的发现与激励，这些都是能确保组织模式柔性化、动态化所不可或缺的数字化手段。

3.8　跟踪评估战略效果

传统企业进行战略效果评估，往往就是下一个战略规划的前奏。经典战略管理理论也并没有把战略评估视为多么重要的理论问题。战略咨询企业在长期的战略评估和分析实践中摸索出了平衡记分卡，作为评价战略成效和用于前期分析企业战略态势的一种流行的工具。但是，无论是平衡积分卡还是其他的战略评估工具，都无法脱离传统企业静态化评估战略所带来的束缚。

数字化企业的战略决策与战略执行是同步推进的动态过程。要实现这一点，必须依靠动态的战略评估，以打通决策层与执行层之间的信息隔阂。因此，数字化企业的战略评估必然是动态的，是跟踪企业战略执行的一种过程管控手段。依托于数字化系统与数据分析，企业的战略目标分解甚至可以做到"责任落实到人"，对战略执行情况的跟踪与评估也能做到"精细到人、到机"。在如此强大的技术赋能下，服务于数字化企业动态战略决策与动态战略执行两个相辅相成又各自独立的过程体系，跟踪战略评估应该至少包含三个方面。

第一，战略评估体系制定。在确立战略导向和战略定位后，具体用于考核的战略评估体系需要结合数字化评估手段来最终确定。相较于传统企业笼统地采用营业收入、利润等极少数数量化指标作为战略目标，数字化企业可以依托数字化体系与原始数据基础设置（包括战略KPI和OKR在内）的多种战略目标指标体系。其中，KPI反映的是企业战略管理活动创造的价值、产生的实际经济效益；而OKR则可以用来反映企业战略管理活动中的隐性和深层次成果。一些反映企业战略优势地位的OKR指标，比如企业召集并主办行业峰会或参与制定了行业或国家标准等，在过去往往很难被很好地纳入战略评估中。

第二，战略目标与评估指标分解。对于战略执行者或整个公司的员工而言，战略评估体系一旦设计好，那么就等于战略目标被最终确立了。传统企业制定战略目标的过程往往反映了高层的意志，而在执行战略的时候，企业中层和基层却未必时时处处以高层制定的战略目标为行动的纲要。这里的问题就在于战略目标没能很好地分解到组织的各级人员头上。数字化企业不仅能把战略评估体系的指标按照时间维度分解，还可以将几乎所有指标分解落实到各个部门、各级人员头上。目标分解看似容易，然而难的却是分解以后要有精细化的策略，而这恰好是数字化系统的优势。

第三，跟踪评估战略业绩并分析反馈。如果战略评估的目的只在于约束和管控企业所有员工认真执行战略决策，那么采取这么多数字化手段用于评估考核则显得大费周章了。跟踪评估战略业绩的首要目的应该是将战略执行的效果及时反馈给战略决策者，以便决策者动态修正自己当初的战略决策。对战略业绩的跟踪评估可以动态地、持续不断地检测和刻画企业优势的边界。按照既定的战略导向、战略优势的决策，在既定的战略定位范围中，企业配置了当前的关键资源，最终哪些细分客户没有抓住，哪些产品没有产生利润，哪些生产环节或部门处于闲置或者冗余状态，这些才是战略评估真正要回答的问题。这些问题将帮助战略决策者进一步明确企业自身战略优势的边界范围，以及之前战略定位选择的正确性与合理性，从而帮助决策者动态调整战略决策。另外，这样的战略效果评估也可以帮助决策者及时调整正在执行的战略举措，避免浪费。此外，精细化的、分解到人的战略评估指标体系实际也为企业精准挖掘影响企业战略业绩的关键部门、关键岗位甚至是关键的指标奠定了基础。毕竟，考核的目的不是单纯进行赏罚，而是"试对"，即找到"我们之前做对了什么"并将之放大，从而获取更大的成功。

第二篇

实战体系篇

第4章

Chapter

建立战略级数据洞察能力

4.1 构建企业战略数据分析与洞察体系

4.1.1 数据架构

数据架构指的是企业生产经营过程中伴随产生的且需要监测的各类型数据，以及它们之间的相互关系。数据架构是企业数字化以及一切智能系统的基础。先有数据架构的设计，而后才能有数字化系统设计。系统设计依靠的是数字技术专家知识，而数据架构设计则需要以企业管理专家知识为导向，数字技术专家知识为支撑来完成。

企业的数据架构必然以企业真实（而非纸面）的生产运营管理流程为基础，因此数据架构设计必然是个性化的。比如，同样是采购周期的数据，同一个行业不同的工厂，有的物料采购以天为单位，有的可能是以周为单位；生产流程上也有差异，领料程序、质检返单、订单审核……这些看上去普通而又广泛应用于每个企业的生产管理流程，在不同的企业流程中的先后顺序和具体操作都有所不同。

从某种程度上讲，无论企业部署的各种信息系统是标准的，还是定制的，其系统后台的数据架构都必然是独特的，必然要贴合企业生产运营管理的实际流程，必然要符合企业战略性数据分析与知识挖掘的要求。所以，每个企业都需要根据自己的具体情况（当然，前提是企业自身的运营流程是有效且高效的），有机整合、拼接或修正标准化、一般性的数字系统模块或数字技术模块。数字技术或成熟的数字化系统就如同各种"中草药"，而企业要根据自己的实际情况与管理需要，开出综合应用这些技术或系统模块的"药方"，然后"照方抓药"。

企业必须要自主设计甚至是多次修改自己的数据架构，整个数据架构要贯穿组织上下各个层级，要全面反映企业各项生产运营活动，要实现各部门各环节的数据贯通以及数据连通与合并，要达到之前所述数字化企业对于数据"全"的基本要求。

所谓贯穿组织各层级，就是系统的数据要来自最基层、最小的生产运营单位（可能是单个员工或者是单台机器设备），同时整个数据架构中的数据要涉及每个管理层次。基层管理（车间班组长）、中层管理（部门主管）的行为要反映到数据架构，这就意味着财务、人力资源这样的职能部门要尽量设计相应的数据指标，并纳入系统的总体架构中。

所谓反映企业各项生产运营活动，就是数据架构要覆盖企业全面的生产运营流程。从最开始的工序（流程）到最后交付客户的工序（流程），中间的环节和活动应视企业具体情况尽量细分。数据架构设计的系统数据越细化越好，但也要符合企业的实际情况（过于细化只会徒增企业基层员工的工作量）。

所谓各部门、各环节的数据贯通连通与合并，就是指整个数据架构的设计要让前面所说的两个维度（组织上下层级维度和生产运营流程维度）的数据在未来相互打通，可以被合并起来且满足总体分析的需要。企业各部门数据、各（管理）岗位数据不能相互独立（至少对于企业所有者的最高系统权限来说如此）。只有将数据贯通，才能支撑企业之后的实际经营。留存下来的数据应能做到至少从单个产品、单个员工、单个客户、单台设备、细化时间（如每小时，甚至每分钟）等维度进行总体数据的筛选、查找、调用与二次迭代计算。

笔者根据自己辅导企业数字化的经验，对数据架构设置了一个"苛刻"的要求：在极端的情况下，就算没有系统，各个部门按照这一套数据架构，也可以手动形成企业的经营数据库。

其中最有难度而又最基础的是界定和设计好底层数据，即企业最基层的各个岗位的数据结构。底层数据直接面向生产一线，不同岗位的实际工作内容可能千差万别，产生底层数据信息的往往是企业中收入最低的一群人，他们中的大部分是拿计件工资。不能指望基层的员工专门录入数据，除非企业专设这样的岗位。在设计数据架构的时候，就要考虑好各个基层部门、环节、岗位如何分别录入什么数据、数据的形式、录入数据的途径或方式等。

【示例】A公司的数据流程图优化设计

A公司位于广东省中山市三乡镇，是一家从事打印机、复印件耗材生产与销售的民营企业。公司创始人从事耗材行业20余年，于2003年创立公司。A公司2021年营收近3000万元，销售净利润率约为5%~8%。当年员工有130人左右，其内部组织层级有四层，分别是老板和老板娘（管理重要的原材料采购）、总经理、部门主管和基础员工；其产品类别超过2500个款型，产品高度多元化，导致生产效率低下，原材料和成品积压严重。公司销售主要依靠老板一人，因此老板时时处于市场、管理"两头都顾不上"的困境中。2019年，A公司引入了一套MES系统，从此开始了数字化转型探索。自2021年起，笔者与MES系统开发团队合作，以A公司为实验案例，开始指导其数字化战略跟踪分析与战略控制。经过2年多的时间，A公司实现了营收与利润的增长，其生产运营管理的各项指标都有了巨大改善（见表4–1）。

表4–1 　　　　　　　　A公司数字化改造代表性业绩情况

A公司数字化改善效果
产能增长40%，实际销售产值增长37%
库存周转率提升100%
生产效率提升40%
最短订单交付时间缩短20%
单位人时产能提升35%
公司综合单位生产成本降低至少60%
企业综合利润率提升50%

选择A公司作为本书的唯一案例主要有两方面的理由。首先，A公司的行业属性与自身特点非常适合作为实验案例，"纯粹地"反映研究者基于机器学习的动态资源编排效果。A公司所在的行业是一个典型的传统加工制造业，该行业没有任何自主技术门槛（因为完全依赖品牌打印复印机配件的产品技术标准）。该行业多数企业（包括A公司）都主要依赖外贸订单，自主品牌大都没有影响力。A公司从老板到员工的基本学历水平不高（大多数为中专学历），自身管理素养与能力也相对匮乏。因此，可以说，A公司是一家从技术到品牌、从管理到人员素质都是"一张白纸"的企业，除了我们研究团队在数据深度挖掘分析基础上对其开展了战略咨询、管理赋能以外，这家企业找不出其他原因来解释其绩效的大幅增长。

连这样"一张白纸"的企业都能做到数字化战略管理，还有谁不能？

给A公司进行数字化战略管理升级的第一步是梳理优化其数据流程。A公司的主营业务是非常传统的加工制造业（ToB业务）。尽管其生产过程十分简单，但我们在深入调研之后发现，其过去经营管理过程中积累下来的业务管理流程仍然存在诸多问题：有的信息流程"名存实亡"，在实际生产中并没有被执行（对信息表单等也没有进行检查或考核）；有的生产流程存在杂糅或散乱的情况，导致效率低下（完全取决于工人的操作习惯）；有的管理审批流程不健全，不该省的管理流程随意削减，导致生产过程效率低下，出错率高。我们首先对A公司的生产流程、管理流程做了全面优化，并根据优化后的生产流程和管理审批流程设计数据流程，然后将过去不清晰的流程或环节清晰化、标准化，将过去混乱的管理审批责任明确化，并用数据流程总图（见图4-1）在系统设计层面进行固化（顺带还节省了审批时间）。

在数据流程总图的基础上，我们进一步设计了数据架构（见图4-2）。在整个数据架构图中，一方面，要符合各部门日常运行的实际情况，设计不同部门（模块）的原始数据指标（当然，还要留出一定的富余数据指标）；另一方面，则要设计清楚具体每一个数据指标在什么生产或管理流程的哪个具体环节被生成，以及这些数据的存放位置（哪怕在系统中，也要明确表单或数据库名称）。此外，我们还要贯通全部的数据流程，构建几个大的数据库（表单）之间的关联。

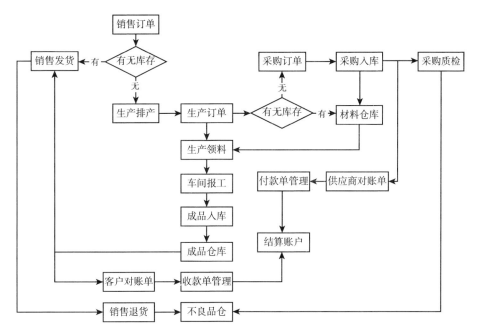

图4-1　A公司生产运营数据流程图示例

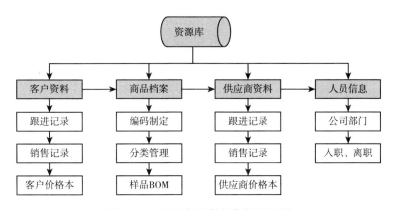

图4-2　A公司部分数据架构图示例

　　数据不是天上掉下来的，更不是系统自己变出来的，数据架构最终要由各个部门执行落地。因此，各个部门，包括基层关键岗位，都必须将根据总体运营流程体系设计的数据架构执行到位才行。

　　另外，永远不要把企业数据体系的准确性寄希望于日常工作繁重且从事需要走动、跑动、搬运等体力劳动的基层员工身上。他们能忙完一半天才想起来把记录补充好都算是很好的了。企业必须在设计数据架构的时候就考虑到这些问题。

所以，数字化企业要针对"数据流程"，对各个部门进行反复培训，进而改变以往的工作流程。同时，既然改了工作流程，就会出现"是否合适"的问题。有的流程修改方案会遭到当即反对（或者抵制），需要数字化管理部门或咨询方进行现场协调；而有的流程修改方案则需要具体经办或负责部门人员"走一遍"新的程序，才能发现问题。这样，随着基础数据流程与工作流程的不断修改，企业也能对数据架构做出一些调整。

4.1.2　制定数据标签与标准

在设计和推行数据架构的过程中，为整个企业设计数据标准、设置数据标签是一件非常容易被忽视但至关重要的工作。

数据标签是指设计连通与合并对接各个岗位、部门和层级的数据，以及查找、筛选整个数据的索引。举个简单的例子，在原材料刚入库的时候，肯定不知道未来哪块料要投到哪个客户的哪张订单，生产哪个具体产品，但在领料环节能确定原材料的生产批号；可生产的批次是否等同于客户订单，还要看工厂的排产（肯定是把所有订单中要求相同的产品优先排到一起生产）；出货的时候，产品须经分拣或者包装，再对照订单检查有没有缺漏，最后才是发货。若现在有客户退货、投诉，质检分析出来是原材料导致的，那么问题来了：怎么在系统中追溯查找是哪个批次的进料，以及来自哪个供应商？这个时候，企业就会发现上面各个环节的数据记录虽然都有，但是互相之间数据标签是不统一的，所以很难追溯查找。虽然企业仍然有办法根据出厂产品号来查生产排产下料（产品号对应生产批号），但却不能保证能通过生产批号能查到出库的原材料批号。如果在设计数字化系统的时候不考虑数据标签甚至没有设置好数据标签，则一套数字化系统的数据就永远是分散的、割裂的。那么，信息孤岛就在所难免。

【示例】A公司的数据标签体系设计

我们逐一梳理了数据架构中的所有指标，在不同的数据表（数据库）中设置了若干个数据标签（见图4-3）。这些标签将被应用于系统中，出现在尽可能多的工作表单里。有了这些数据标签，企业的数据架构才有可能真正让数据"跑起来"，而不仅仅是记录了一下各个部门、各个流程的工作信息。有了"打通"的经营数据，A公司各部门的数据才能连通与合并到一起，而不会出现"数据孤岛"问题，进而A公司才能从不同的角度进行精细化分析，挖掘企业经营中关键而隐秘的知识。

表格	标签1	标签2	标签3	标签4	标签5	标签6	标签7	标签8	标签9
采购入库统计表	[来源编号] CG-2022-10-31-003	[单据编号] PT-2022-10-08-002 PO-2022-10-06-001							
采购订单明细表	[来源编号] CG-2022-10-31-003		[商品编号](材料+成品) LBD005						
采购入库明细表	[来源编号] CG-2022-10-31-003	[单据编号] PT-2022-10-08-002 PO-2022-10-06-001	[商品编号](材料+成品) LBD005 XP0141						
销售订单明细表			[商品编号](材料+成品) LBD005			[销售订单编号] SO-2022-10-31-024			
发货明细表			[商品编号](材料+成品) LBD005 XP0141			[销售订单号] SO-2022-10-31-003			[单据编号] XT-2022-10-31-006 XS-2022-10-06-001
生产计件明细表				[商品编号](成品) LBD005 XP0141 H030002 KMJJ0006	[生产订单号] PI-2022-10-31-016	[销售订单号] SO-2022-10-31-003			
生产订单汇总表				[商品编号](材料) LBD005 XP0141 H030002 KMJJ0006	[生产订单号] PI-2022-10-31-016	[销售订单号] SO-2022-10-31-003			
成品入库明细表(1)				[商品编号](成品) LBD005 XP0141 H030002 KMJJ0006	[生产订单号] PI-2022-10-31-016		[单据编号] CP-2022-10-31-043		
带商品金额的生产领料明细				[商品编号](材料) LBD005 XP0141 H030002 KMJJ0006	[生产订单号] PI-2022-10-31-016			[单 号] PL-2022-10-17-001	
材料进销存				[商品编号](材料) LBD005 XP0141 H030002 KMJJ0006					
成品库存				[商品编号](成品) LBD005 XP0141 H030002 KMJJ0006					
成品材料进销存				[商品编号](成品) LBD005 XP0141 H030002 KMJJ0006					

图4-3 一个工厂数据架构中的部分数据标签示例

企业数据标准是一个对企业数据架构中所涉及的所有数据的录入、存储和调用的一个标准化制度，以规范全公司所有人对数据的录入、存储以及调用行为。在实践中，一些企业常常出现因为录入系统的人员不同而导致数据格式不同。单就一个单价（比如原材料单价）数据而言，就存在有小数点的、无小数点的、采用系统默认小数点后4位的、价格数据前面添加"¥"符号的种种情况。这些基本的数据格式不统一,会导致企业在后期汇总分析数据时花费大量的时间和人力。事实上,"数据清洗"的工作量常常高于正式数据分析的工作量。

【示例】A公司的数据标准制定

我们为A公司制定了每个指标的录入标准,并要求所有在系统上录入数据的员工都必须按照制定的数据标准来规范地录入相关数据,从而减少由于录入不规范、录入方式差异和录入信息错误等原因而影响后续的数据分析与挖掘。A公司的数据标准如表4-2所示。

表4-2　　　　　　　　　　A公司的部分数据标准示例

数据分类1	数据分类2	数据分类3	字段名称	数据类型	格式要求	可选值/范围	备注
基础数据销售管理	客户数据销售订单		用户名称	字符串	不能简写,要录入完整的客户名称		
			单据日期	日期	YYYY-MM-DD格式		
			预计出货日期	日期	YYYY-MM-DD格式		
			客户电话	字符串	XXXXXXXXXX 或 XXXX-XXXXXX格式		
			联系人	字符串	同一客户下的同一联系人应录入同一名称。例如,"张三",第一次录入为"张三",后续订单中不能录入为"张生""张先生""张总"等,只能统一录入为"张三"		

续表

数据分类1	数据分类2	数据分类3	字段名称	数据类型	格式要求	可选值/范围	备注
销售管理	销售订单		订单类型	字符串	销售订单选择"客户订单"分类	"客户订单"	
			单位	字符串	根据实际商品选择"PCS"或"KG"，碳粉单位为"KG"，其余商品一律选择"PCS"	"PCS"或"KG"	
			数量	整数	正整数值		
			单价	正数	必须根据销售订单填写商品的销售价格，不得不填写或随意填写		
			商品备注	字符串	填写备注"分类"，可多选	"包装""标签""灌粉""芯片""其他"（非必要不选）	
			备注2	字符串	填写以上分类后，填写具体要求		
			单据备注	字符串	"（分类）+具体要求"，分类可多选	"外贸"+地区"自提"+取货时间（应与预计出货时间一致）"发货"+快递/现付/具体地址/……"代发"+具体地址"样品""补发""急单"	

数据分类1	数据分类2	数据分类3	字段名称	数据类型	格式要求	可选值/范围	备注
销售管理	销售发货		店铺/仓库	字符串	选择实际发货仓库	"成品仓库""材料仓库""不良品仓"	发货方式有两种:第一种,按销售订单进行发货;第二种,直接建立销售发货单进行发货
			发货数量	整数	正整数值,填写实际发货数量		
			发货金额	正数	不论什么订单,按照实际情况填写商品发货金额		
	销售退货		店铺/仓库	字符串	选择实际退货仓库	"成品仓库""材料仓库""不良品仓"	按销售发货单进行退货
			退货数量	整数	正整数值,填写实际退货数量,退货数量不能大于发货数量		
			退货原因	字符串	"(分类)+具体原因",分类可多选	"安装使用故障""机械故障""组装故障""部件故障""功能性故障"	
采购管理	采购订单		单据日期	日期	YYYY-MM-DD格式		
			预计到货日期	日期	YYYY-MM-DD格式		
			采购数量	整数	正整数值		
			单价	正数	必须根据采购订单填写商品的销售价格,不得不填写或随意填写		
			商品备注	字符串	"(分类)+具体要求",分类可多选	"包装""标签""芯片""其他"(非必要不选)	

续表

数据分类1	数据分类2	数据分类3	字段名称	数据类型	格式要求	可选值/范围	备注
采购管理	采购订单		单据备注	字符串	"（分类）+具体要求"，分类可多选	"发货"+快递/现付/具体地址/……"急单"	
	采购入库		仓库名称	字符串	选择入库仓库	"成品仓库""材料仓库""不良品仓"	采购入库需按单入库
			入库数量	整数	正整数值		
	采购退货		仓库名称	字符串	填写实际退货仓库	"成品仓库""材料仓库""不良品仓"	采购退货需可以溯源到采购入库单
			退货数量	整数	正整数值	不能大于库存数	
生产管理	生产排产		生产日期	日期	YYYY-MM-DD格式，必须按实际情况手动选择生产日期		按销售订单排产
	生产领料		领料仓库	字符串	选择实际领料仓库	"成品仓库""材料仓库""不良品仓"	按生产订单领料
			领料人员	字符串	选择领料人		
		提交发料单	实发数量	正数	实发数量不能大于库存数量，否则不能审核通过		
仓库管理	仓库发料		发料仓库	字符串	选择实际发料仓库	"成品仓库""材料仓库""不良品仓"	按生产订单发料
			发料人员	字符串	选择发料人		
		审核发料单	实发数量	正数	实发数量不能大于库存数量，否则不能审核通过		

续表

数据分类1	数据分类2	数据分类3	字段名称	数据类型	格式要求	可选值/范围	备注
仓库管理	成品入库		店铺/仓库	字符串	选择入库仓库	"成品仓库"	按生产订单入库
			入库数	整数	正整数值		
	盘点管理		店铺/仓库	字符串	选择盘点仓库	"成品仓库""材料仓库"	
			载入商品数据	字符串	分类/手动选择要进行盘点的商品		针对库存数据不准的商品，可每月计划盘点核实
			盘点单价	正数	正整数值		填入最新商品单价

4.1.3 根据战略需要制定数据定义

把整个数据架构设计好以后，下一个问题就是定义数据。数据定义实质上是向数字化系统及数据的工程师提出基于数据架构的系统数据框设置需求。企业管理者必须根据管理需要，界定好不同的数据代表什么含义，才能让数字化系统"看得懂"数据，并安排相应的数据框（以及空间）来存放和处理各种数据，包括数据架构中每天（或每小时）留存的原始数据，以及各种基于原始数据的派生数据。

（1）定义底层数据的形态

传统企业，尤其中小制造企业，在生产运营的基层层面往往存在较为原始和非结构化的操作方式。基层的操作很多也未必能转化为0~9的数字形态（我们称为结构化数据）。因此，要对数据架构中设计好的各种底层数据的形态进行定义，明确哪些数据是结构化数据，哪些是非结构化数据（即通过图片、文字记录留存的数据）。一方面，这对数字化系统（比如MES系统）工程师设计数据录入的方式以及原始数据存放的格式提出了明确需求；另一方面，也相应明确了企业对原始数据的前处理。

前处理的首要目的就是要把杂乱、非结构化的数据"通过某种办法"变得结构化，这需要结合整个数据架构的全局安排以及分析需要。比如，对于客户退货的质检记录甚至是客户投诉的文字记录，要从企业自身的质检标准出发，制定识别方法。这样就可以在系统中植入特定文本识别模块而直接编码。此外，也可以定期导出文本，另行识别编码，汇总为结构化数据。当然，这样一来，导出文本数据就是一项专门的工作，要安排恰当岗位的员工来完成，并形成工作流程与制度。

(2) 类型数据与数据筛选

在一套原始的、海量的、不断增加的企业经营原始数据中，可能出现最多的并不是结构化的连续数据，而是类型数据。例如，产品编号等标签，虽然"长"得像个数字，但其表达的含义是"类型"，而非具体的某个参数数量。所谓连续数据，就是可以相互加总的数据，比如生产计件数据。但是，类型数据不能简单加总，比如A款产品的单号和包装纸箱的尺寸。因此，要对企业数据进行清晰的定义，明确哪些原始数据是什么类型，并计划其后期的数据处理与分析所要做的工作。对于类型数据，后期的数据计算更多的是基于某个类型指标进行筛选以及占比分析。类型数据设计太粗，那么筛选数据就难以精细；而类型数据设计太细，占比分析又缺乏管理指导意义。所以，类型数据要有所归并，甚至要设计细化类型（服务筛选）与大类定义（服务占比分析）之间类型定义的从属关系。

(3) 替代性算法与替代性数据

有的时候，服务于整个数据架构的某些数据可能无法直接获取。比如，如果要计算单个原材料库存的周转率，那么库存面积以及对应的仓库租金就很难计算。这个时候，还需要因地制宜地设置好替代性的计算方法，在必要的时候，甚至要安排替代性数据。

【示例】A公司的战略分析数据定义群制定

在有了全面的数据架构、数据标准的基础上，我们为A公司设计了符合企业战略分析与管理决策所需要的数据定义群。并不是所有原始数据都是A公司战略分析所需要的，原始和底层的数据也并不只有某一固定的数据内涵。我们根据A公司的经营实际情况，制定了跨部门、跨层次的数据定义群，其中部分战略数据甚至并不是企业原始数据，而是需要在统计之后进行运算的"派生数据"。A公司的数据定义群如表4-3所示。在制定战略分析数据定义群的时候，从战略统御的角度重新审视了一遍A公司的数据架构及数据标准，并为后续的数字化战略分析与决策等战略管理活动奠定了数据集基础。数据定义同时也能明确不同数据的获取周期，周期太慢的数据需要用其他可等同的数据进行替换，从而在数据分析的敏捷性与原始数据的可获取性之间求得平衡。比如，A公司的客户对账数据时间周期是多样的，有的客户一月对一次账，有的则一个季度甚至半年对一次账。为了实现数据的敏捷性，我们采用了跟单发货数据代替对账数据，作为销售数据的依据。这里需要说明的是，战略分析的数据与最终的财务数据是有出入的，且应该允许一定的容错范围。

4.1.4 数据分析算法及其流程设计

数据分析算法与流程的设计为后续企业数字化系统的全面升级奠定了基础。跟生产运营过程类似，从原始数据向处理好了的数据转变，再将处理好了的数据用于各种计算与分析，这个过程其实也需要有一定的流程。有了流程，数据分析就变成了组织常态化的工作，从而企业才有可能持续不断地分析数据，进而将数据驱动（战略）管理融入组织血液中。

（1）"拉表"才是数据分析的常态

"拉表"即数据筛选，这是企业内部一切数据分析的基础。根据具体目的不同，"拉"的表也有所重叠和区别。因此，当一个周期数据完整生成后，怎么"拉"这个表更快、更准确，就需要规划和设计一番了。

比如，可以筛选出上个月销售前十的产品，然后再查找这些产品的质量情况（返修和退货记录），或者是筛选这些产品生产过程中供货不及时的供应商。

表4-3 A公司部分代表性数据定义群

表格	连续数据	类型数据	筛选数据
采购入库统计表	单据金额 已结算金额 折让金额 未结算金额 退货金额	单据状态 单据编号 单据日期 供应商名称 单据类型 业务员 创建人 来源单号	单据类型(入库、退货)
采购订单明细表	采购数量 采购金额 已入库数 退货数 已取消数 欠料数 库存 创建人 审核人	单据状态 单据编号 单据日期 供应商名称 预计到货时间 商品编号 商品名称 规格型号 单位 仓库 供应商订单号 单价 含税单价 单据类型 业务员 创建人 来源单号	供应商名称
采购入库明细表	库存 商品数量 实际数量 商品金额 含税金额 赠送数 赠送金额 已入库数 退货数 已取消数 欠料数 创建人 审核人	单据状态 单据编号 单据日期 供应商名称 是否含税 商品编号 商品名称 规格型号 单位 仓库名称 单价 含税单价 退货状态 来源编号 业务员 创建人 审核人 序列号	商品编号(通过不同前缀, 可划分为几大类)

再比如，可以筛选上个季度排名前十的大客户，然后对比去年或过去三年销售前十的大客户名单，找出新晋大客户，然后筛选新晋大客户购买的产品清单，分别找出采购量最大、采购单价最高以及利润最高的产品类型，对比出核心产品等。

传统企业也可以进行"拉表"数据分析操作，只不过每次"拉表"都需要耗费很长的时间，而且这些传统企业在"拉表"后可能只是简单地关注一些指标数据，而没有深入挖掘数据背后的价值。

(2) 对照每个指标，将算法分解到流程中

"拉表"之后是分析，包括图表，也包括二次计算。这就出现了最终分析报告的框架计划，以及图表、参数计算的先后过程。如果不经推敲，很可能"拖死"企业的数字化系统。因此，要根据企业的总体数据架构以及数据分析需要来对分析指标体系进行规划（请注意，指标体系可能是分层次的，对应基层、部门级以及公司高层），并针对其中每一个指标所需要的原始数据、原始数据表单、数据筛选的方法、数据筛选后计算的公式与过程等，做好计划。在此基础上，再利用诸如Python、R等工具，完成对数据的自动化分析工作。

【示例】A公司的经营数据分析与算法体系制定

鉴于A公司自己并没有软件或数据分析的专业人才，并且在较长时间内可能需要外部咨询团队协助进行数据分析，为了让A公司能"指导"外部咨询团队的数据分析工作而不至于因为自己不专业而失去对咨询团队的控制，我们为A公司设计了经营数据分析的基本分析体系架构（见图4-4）。图4-4针对不同的监测对象（部门），列出了所要进行分析的指标，以及这些指标的内涵或计算公式；依照指标内涵或公式，确定了源数据的表单以及所需要进行分析的工作（统计运算及可视化）。我们还在后面列出了部分关键算法以及在Python下的基础代码命令框，以便A公司可以自行检查、核对数据分析结果。

有的时候，一个指标的算法可能涉及不同类型数据的合并；而合并的数据往往又来源于不同的原始表单记录。因此，指标有时并不像图4-4中那

样靠代码来确定其流程，而是需要考虑数据合并的方式、步骤等。在图4-5中，我们以原材料库存周转率为例，设计了从上至下逐个合并表单数据，并最终生产相应临时数据表的算法流程。

数据或依据来源	当前测算数据来源	数据分析操作与可视化	关键分析的算法	关键分析的流程
供应商信息.xlsx	所有列	处理缺失值	1.预处理：打开【供应商档案.xlsx】，手动删除无关信息，并另存为新文件 2.函数：空白单元格数/总单元格数，自定义函数find_man(table,path,file_name) 3.导入：将新文件导入Python 4.使用函数（包括导出）	1.find_man(table,path,file_name) 2.read_excel(供应商信息.xls) 3.find_man(table,path,file_name) 4.fine_man(table,path,file_name)
供应商信息.xlsx	【编号】【分类】	按商品类别分别计算供应商数量，并按类别列出供应商数量清单	1.导入：【供应商信息.xlsx】 2.分类计数：[分类][编号] 3.得到：[分类][供应商数量] 4.导出：【供应商结构.csv】	1.read_excel('供应商信息.xls') 2.groupby(by='分类').agg({'编号':'count'}) 3.rename(columns={'编号':'供应商数量'},inplace=True) 4.to_csv('供应商结构.csv',encoding='gbk',mode='v',index=None)
采购入库表	【单据日期】【商品名称】【含税单价】		1.导入：【采购入库表.xlsx】 2.预处理：去掉[含税单价]中≤0的行 3.分类计数：[商品名称][含税单价] 4.得到：[次数] 5.筛选与列表：[次数]>1的[商品名称]列表（因为两行及两行以上的数据才有"波动"） 6.循环：根据[商品名称]列表进行表循环，从[含税单价]的第1格减去第n格，然后第3格减去第1格…… 7.排序：根据[单据日期]升序排序（因为波动本次减去上一次采购） 8.处理：[含税单价]的第2格开始减去第1格，然后第3格减去第1格…… 9.得到：[单据日期][商品名称][含税单价][价差] 10.筛选：[价差]>0的行 11.排序：[价差]列 12.筛选：[商品名称][价差]列 13.导出采购价格波动.csv	1.read_excel('采购入库表.xlsx') 2.drop(table[table['含税单价']<0].index,inplace=True) 3.groupby(by=b).agg({'含税单价':'count'}),reset_index() 4.rename(columns={'含税单价':'次数'},inplace=True) 5.loc[table2['次数']>1,list=set(table2[b])] 6.list=set(table(b)),for i in list:loc[table[b]==i] 7.sort_values(by='单据日期',ascending=True) loc[table[b]=i], 8.table4.loc[a,'价差']=table4.loc[a,'含税单价']-table4.loc[a-1,'含税单价'] 9.loc[table5['价差']>0] 10.sort_values(by='价差',ascending=False) 11.drop(['单据日期','含税单价'],axis=1) 12.to_csv('采购价格波动.csv',encoding='gbk',mode='v',index=None)
采购入库表	【退货状态】	计算百分数：1-（月度退货批次/月度总进货批次）；汇总6-8月份数据，计算3个月的物料退货率并绘制柱状图	1.导入：【采购入库统计表.xlsx】 2.筛选：['单据日期','单据编号','单据类型'] 3.转换：['单据日期']→[单据日期(月份)'] 4.得到：[单据日期(月份)]列表 5.循环：根据[单据日期(月份)]列表进行表循环 6.筛选：当月表 7.分类计数：[单据类型] 8.计数：[单据编号] 9.计算：[物料质量(%)]=[次数]/表长*100% 10.补充：将[单据日期(月份)]补回表中 11.得到：[单据日期(月份)][单据类型][次数][物料质量(%)] 12.筛选：[单据类型]为"入库"的行 13.筛选：[单据日期(月份)][物料质量(%)] 14.导出【物料质量.csv】	1.导入：read_excel(1_号入/采购入库统计表.xls') 2.筛选：table[['单据日期','单据编号',单据类型]] 3.转换：to_datetime(table2['单据日期'],format='%Y-%m-%d'),.dt.month 4.得到：list=set(table2['单据日期(月份)]) 5.循环：for i in list: 6.loc[table['单据日期(月份)']==i] 7.分类计数：groupby(by='单据类型').agg(['单据编号':'count']) 8.得到：rename(columns={'单据编号':'次数'},inplace=True) 9.计算：loc[:,'物料质量(%)']=(table4.loc[:,次数]/len(table3))*100 10.补充：table4['单据日期(月份)']=1 11.得到：[单据日期(月份)][单据类型][物料质量(%)] 12.筛选：loc[table4['单据类型']=='入库'] 13.筛序：[['单据日期(月份)','物料质量(%)']] 14.导出：to_csv('2_导出/采购物料质量.csv',encoding='gbk',mode='v',index=None)

图4-4 A公司采购部门若干关键指标算法及其系统流程示例

	表单					单据类型				
计算周转率	【发货明细表】	merge				单据类型	来源编号(1)	商品编号(n)		
	【生产订单汇总表】						销售订单号(1)	商品编号(n)	生产订单号(n)	
	【生产领料明细】		merge					生产订单号(1)	商品编码(n)	
	生成该块的基准表		drop_duplicated	groupby.mean	merge		商品编号(1)	商品编码(m)		merge+groupby
	【材料进销存】		merge				商品编号(1)	期初数量(1)	结存数量(1)	新增：材料周转率(1)
计算发货金额	【发货明细表】						商品编号(1)	发货金额(n)		

图4-5 A公司部分指标跨表单算法流程图示例

4.2 围绕战略管理设计数字化分析模块

数字系统对企业经营数据的搜集、存储以及分析等任务，如果不能反馈赋能于各级的管理工作，那么，久而久之，基层的工作人员会觉得这套系统只是用来"监工"和"打小报告"的。最终，再好的系统都会流于形式，或者遭到人为干扰或破坏。更重要的是，如果数据分析不能深入反馈到全公司主要的管理职能上，那么也无法实现数据驱动的经营管理，导致管理层永远停留在现有基于经验的管理认知水平上，难有进步。

对于企业而言，战略管理尤其需要建立在数字化分析赋能的基础上，因此，若要设计"分析什么"的数字化分析模块就必须围绕战略管理的基本框架及其各具体环节。从数字化分析（或说数据科学）的角度看，与企业战略管理有关的数据分析主要有"围绕现状的数据可视化"与"围绕趋势或边界的监测与预警"两个方面，而每个企业都要从自身战略管理的需要出发，设计战略管理的数字化分析模块（算法及相应的流程）。

4.2.1 围绕现状的数据可视化

所谓数据可视化，就像汽车的速度表盘一样，实时、客观地反映企业经营状况。常见的数据可视化只是呈现某一个或几个数据。现有的可以将企业生产经营现状进行数据可视化的工具非常多，一般来说，在一套数字化软硬件系统中，对数据进行可视化的工具占80%以上，比如MES系统中，可对生产进度、销售订单额、采购的到货及时率等数据进行可视化。然而，虽然企业数字化或大数据仪表盘看上去种类繁多，但绝大部分呈现的数据形态可以分为以下几类：

第一，0-1信息，比如在岗不在岗。

第二，连续数据的呈现，比如以表格、柱状图等方式呈现业务员销售业绩状况。

第三，呈现数据变化的速度（多是百分比），比如用折线图或柱状图表现生产进度的加快或减缓情况。

第四，表现一个批次物品的情况，比如用箱线图反映一个批次零部件的质量检测结果。

第五，表现某个占比结构，比如成本结构、库存产品结构、客户区域分布等，通常用饼图。

而至于如何有机结合几种数据可视化的形态，则要由使用数据可视化的具体管理岗位决定。数据可视化工具服务的管理层级主要是企业的基层和中层。对于基层管理岗位而言，绝大多数采用数据可视化工具来支持现场管理，比如车间电子看板上的设备运行状态、工序生产进度、员工在岗情况等信息。每个基层管理岗位（如车间班组长、仓库管理员等）都可能需要实时地根据一些"看板"数据反馈各自工作中的情况，由此再实施一系列基层管理或操作。

对于中层管理岗位而言，围绕现状的数据可视化工具也几乎占到70%以上。相比基层管理人员，中层管理人员要关注的可视化数据不仅是基层的生产运营具体活动的实时数据，更是基层情况的滚动计算、占比情况分析以及变化速度等诸多该部门的总体情况。在数据自动化的支持下，中层管理人员可以根据自己的管理需要，深入分析和细致挖掘部门工作的数据，并分析找到部门目前存在的管理不足，或是厘清部门目前管理问题的症结，做出管理整改。

对于高管甚至老板而言，数据可视化也是最常见的数字化工具。但是到了高层，更多的是解决非标的管理问题，或者是针对未来发展的决策问题。此时，单纯依靠数据可视化式的系统工具所获得的帮助就非常有限。

所以，并不是数据可视化工具本身有什么管理意义，而是企业的基层和中层管理人员要赋予各种数据可视化不同的管理意义。因此，如果基层和中层没有将数据纳入其管理流程中，那么再好的系统都只是摆设。

4.2.2　围绕趋势或边界的监测与预警

所谓数字系统的监测与预警，就像车载雷达一样，实时、客观地反映企业运行过程中的某些状况与某一基准或边界的距离。监测与预警式的数字化工具是根据具体管理需要，预先设置某个"警戒线"或"触发值"，当某一个或几种数据达到"警戒线"或"触发值"时，系统就自动发出通知或警报。与数据可视化工具不同，监测与预测的工具是在客观数据基础上增加了有意识的设定。它就像闹钟一样，是专门为了提醒管理人员做某件事而设置的，或者像警铃一样，作为一种系统下的"命令"，启动某项管理流程而设置的。数字化监测与预测工具较少，需要结合每个企业具体的经营管理专门设置，比如汽车生产的安全线（现在也植入系统中了）、某些原材料的安全库存警戒线（一旦达到警戒线，不用高管指示，就直接追加采购）。

大多数企业的数字化系统都不会把数字化监测与预警功能加进去，但是会留下相关设置功能。这就要由企业自己的管理人员根据各自的具体运营管理流程进行专门设置，而且这种具备监测与预警功能的数字化工具还可能随着企业管理变革而不断修正和改进。通常，数字化监测与预测系统有以下三种类型。

第一种是某一现实情况触发机制。比如，某一自动化设备的故障信号，一旦出现故障信号，就会触发现场设备检修相应流程。

第二种是单向警戒线。当某一数据高于或低于某个值时，系统会发出警报，就像导航软件会提醒司机超速一样（当速度超过了限速的数值就发出警报），类似的应用比如安全库存警戒线。

第三种则是区间阈值监控。比如，要把企业短期负债率控制在一定范围内，负债率太低或太高都非良性，财务主管应该启动相应的程序。

数字化监测与预测工具虽然不常见，但其服务的管理层级却遍布基层、中层和高层。对于基层管理岗位而言，现场管理的警戒线可能非常刚性。

比如设备故障、产品质量、生产物料等预警信息，一旦设计了数字化监测与预测的基层工具，就一定要有相应的操作流程，并且要在数字化系统中留下操作流程的相应记录。

对于中层管理岗位而言，数字化监测与预测工具则可以更加多样和灵活。相比基层管理人员，中层管理人员不仅要使用数字化监测与预测工具，让数字化系统帮自己"盯着"某件事或某个指标，而且还要有可以设置"车载雷达"式数据警戒线的（部分）权限。这样，中层管理人员就能自主和灵活地将自己的想法用警戒线方法贯彻到基层了。

对于高管而言，数字化监测与预测系统非常重要。因为对于他们来说，可能没有时间去细细查阅公司大套大套的数据，还不如把季度或月度目标设置为目标值，然后让系统不断"提醒"自己目前和目标还有多大的差距，这样会更好。

4.2.3 服务战略管理的数字化分析模块

一个完整的数字化系统应该在企业特定的数据流程与架构基础上实现数据实时搜集汇总，并通过一系列可视化工具，满足企业三个不同的战略管理意图。

一是内部战略执行与资源能力情况的可视化。对于企业管理而言，这是数字化系统最常见和最基础的作用。数字化系统可以做到实时传输数据信息，并通过"速度表"或者"车载雷达"类型的图表方式，呈现企业各项管理活动的情况。如前所述，这是广泛分布在企业高、中、低三个管理层级的数字化系统工具。企业信息管理系统（比如 MES 系统）实现信息传递与数据可视化的自动化水平较高，有助于全面、快速、实时搜集和汇总企业经营过程中的各种信息，并辅助管理者了解战略执行进展以及资源的实际配置情况。而要实现这一目的，不仅需要结合实际情况，对系统进行好的设计，还需要企业各级管理人员具备必要的数据思维和数据分析能力，并严格按照系统的数据流程完成日常操作和工作。当然，这些都是数字化系统上线前的培训重点。

二是揭示企业当前的战略问题。揭示问题是数字化系统较为深层次的管理作用。通过信息和数据传输与存储，管理人员可以根据实际的管理需要，调用（一定范围内的）过往数据，并进行深度分析，找准症结，以便采取相关管理措施来解决问题。所以，它主要服务于企业的中层和高层管理者。这种分析包括但不限于统计分布、因素分析、归类分析以及模拟决策仿真等。揭示管理问题是数字化系统辅助管理者的重要功能，但是在标准化、一般化的数字系统中，这类功能也往往不会被强调。因为此类系统自动化程度偏低，多数深度分析的功能需要通过半定制或者定制（比如采用低代码模式）来实现。相比系统自动化的信息传输与呈现，揭示问题需要管理者有相对更高的主动性和系统控制权限，而不仅仅是"点几下鼠标"。

三是沉淀企业建立竞争优势的经验知识。这是最难实现的辅助管理作用，但也是最具管理价值的。一个数字化系统不仅服务于企业日常性的经营管理流程，还能留存下各种各样的数据和记录。企业只有从过去的经验中挖掘出隐藏知识，才能提高当下决策的有效性。但在沉淀知识方面，数字化系统几乎是不可能自动化的。如果在最初设计系统的时候已知从哪些信息里面可能得出怎么样的结果，那就说明企业已经掌握了相应的知识，且只是应用知识"做事"而已；而如果连"知道什么"都还不清楚，数字化系统工程师也自然无法提供帮助。因此，沉淀知识本质上是企业管理者主动利用数字化系统所做的创造性管理工作。如果说数字化系统在前面两个方面发挥管理作用是充当了"哨兵"和"助手"角色，则数字化系统在沉淀知识方面只是起到"拐杖"和"保险箱"的作用。

【示例】A公司经营数据分析

我们针对A公司基层和中层目前最急迫和最重要的管理职责或任务，结合A公司现有的管理制度，逐个设计管理模块的数据可视化方案（见图4-6）。在方案中，我们不仅用"［监控］"来标识那些需要用仪表盘类型的可视化工具，还设置了"经营雷达"的分析算法或模块。我们还调整了个别的管理流程，使之适用于数据仪表盘和"经营雷达"式的直观表达，作为大家实施管理活动的依据及其管理效果的直接反馈。最终，我们"自下而上"地构建了 A 公司整个的数据分析模型（类似于 DaaS，见图 4-7）。

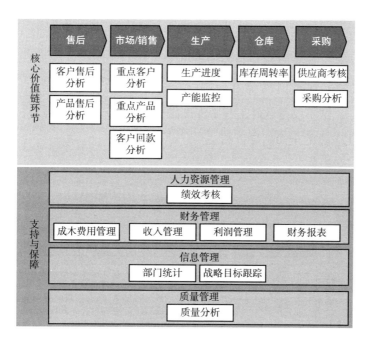

图 4-6　设备运行分析可视化方案示例

图 4-7　公司运行数据分析方案（简略）

　　至此，我们终于可以着手制订A公司的数字化系统建设方案了。一个数字化系统建设方案，其核心是企业数字化系统的总体架构。这个架构应该能反映企业数字化系统运行的基础软硬件框架（比如A公司是在MES系统基础上）；准备好一系列的数据工具模块以及企业基础数据治理（A公司在数据治理与数据工具平台方面暂时依靠我们的外部赋能）；最关键的是，应该反映企业价值链的核心环节以及各支撑环节（管理职能）中所要用到的数据流程架构模块、数据可视化和管理模块等。

　　考虑这样一些基本要素和原则，我们构建了A公司的数字化系统架构（见图4-8），这不仅是软件工程师深度融合企业管理智慧的表现，还是我们建设数字化企业的全面指导蓝图。

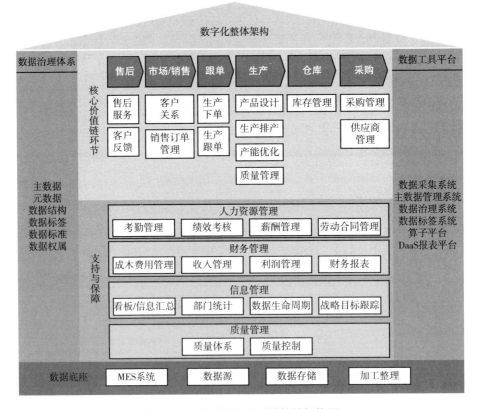

图4-8　A公司数字化系统整体架构图

4.3 数字化战略挖掘与诊断：找出"你不知道自己知道"的那些知识

数字化战略数据挖掘与诊断的主要目标在于精准化分析企业战略现状，细化企业家或战略管理者"只知道个大概"的那些内部环境态势中的重要情报，洞察企业价值链上布局的关键资源组合。更重要的是，战略数据分析需要为企业厘清过去模糊的、不精准的成功战略经验，尤其是那些全公司习以为常但并不自知的成功而有效的经营经验。

4.3.1 洞察价值链的关键资源组合

价值链是波特提出的一个经典概念，任何一个企业的生产运营体系都可以视为企业创造市场价值的过程。价值链一般包含两类价值活动：一类叫"一般性活动"，就是企业生产运营的各个主要环节（从产业研发设计到采购，直至销售和售后服务）；另一类叫"辅助性活动"，主要指企业的职能部门，如HR、财务、IT信息管理、质量管理等。

每个企业都有自己独特的价值链图，反映企业真实的生产运营过程以及具体的价值链路。而在这里面，不同的活动、不同的资源之间的关联性则体现出每个企业特有的关键资源组合。

确定价值链中关键资源组合的分析工具有很多，但基本的管理方法是：

第一，确定企业客户具体的需求点，找到"真"客户与"真"需求。企业家或战略管理者很多时候对客户需求的认知是模糊的、经验化的、滞后的。企业的价值链数据分析需要精确到产品型号、客户名单或者客户的特征。在持续监控企业生产运营数据的基础上，可以分析、挖掘哪些产品是企业真正的核心产品，或者哪些客户是企业真正的核心客户。

第二，列出企业满足核心客户、核心需求所需的必要性价值链环节，找到企业真正"做对了什么"。分析和辨析核心产品或客户有什么共同点，在生产流程中有哪些关键因素决定这些产品或客户能够成为核心产品或核心客户。

第三,通过数据架构分析,挖掘企业持续投入、流动成本占比最大、现金流占用最多或者人力资源投入最大的价值链环节,即高投入环节,并对比高投入环节与满足核心需求的关键因素所在环节之间是否存在差别。

第四,通过数据架构分析企业支撑高投入环节或关键因素环节有效运行的价值链环节(多维支撑性环节)。

第五,辨别和研判"客户需求—关键(高投入)环节—支撑性环节"之间的关联性,并从关键(高投入)环节到支撑性环节的过程中梳理出关键资源组合。

对当前企业价值链的精细化和实时化分析,能反映企业当前真实的优势资源组合,而优势资源组合对于企业拓展产品和业务的范围起到了边界性的作用。一旦企业在产品、业务或细分市场等方面扩张到企业的优势资源组合难以支撑建立优势的范畴,则这些难以建立优势的产品、业务或细分市场就是企业在当前竞争力水平下的优势边界了。

【示例】A公司优势资源组合分析

通过对A公司的经营数据进行持续数月的全面监测与分析,我们发现,影响A公司盈利性(产品)的直接因素是关键原料的周转速度以及特定款型产品的销售额。而之所以高额销售匹配高周转的原材料(既是客户满意的产品,且企业供应链配套又很有效率),其背后的核心环节在于工艺研究。因此,我们认为A公司价值链中蕴藏着一个不怎么明显的优势组合。图4-9中加线部分就是这个优势组合的构成。A公司的工艺研发部门针对部分产品,围绕供应商原材料的有效性、产品工艺技术以及生产标准等,开展了比较有效的工艺设计,从而使这部分产品的原材料供应链效率(包括采购速度与质量、价格的稳定性)显著高于其他产品,而随着供应链配套效率提升,库存周转效率也在提升,生产排产与生产进度能够很好地满足销售端客户的各种要求。由此,A公司价值链中优势资源组合的1.0版本——"工艺研发—供应链管理—生产"就被我们发现了。

图4-9 A公司价值链图1.0

4.3.2 发掘与洞察企业的"隐藏知识"

在企业"不知道自己知道"的重要情报中，除了精准化的关键资源组合以外，还有就是企业在资源配置、运营管理甚至是组织行为的管理"毛细血管"中逐渐沉淀下来的经验性知识。这些经验性知识有的是以显性知识的形式呈现的，被企业纳入某些生产运营管理制度中；有的则是隐性知识，以某种组织文化、行为习惯等形式存在。但无论是显性的还是隐形的知识，企业家或战略管理者对这些隐藏在自己企业"毛细血管"中的、对企业建立优势起到关键性作用的、长期沉淀下来的模式、方式、做法等经验知识，未必能精准地识别与确定。

在对"隐藏知识"并不清楚的时候，企业往往将经营上的成功归因于偶然因素或者是"缘分"、人际关系等。事实上，模糊的经历中潜藏着企业真正的竞争力，很少有客户会明确告诉企业，而企业自己也很少进行深入的复盘。一些基本且重要的问题往往能帮助企业建立以数据为驱动的自我洞察能力。

第一，为什么有的客户我们能抓住，有的却不能？

明明都有相同的需求，但有的客户似乎更愿意购买你的产品或服务，而有的客户则是接触一下之后就不了了之，有人将之归结为"运气"。在大多数人理解的"运气"背后，可能是产品的质量、性能甚至某些非工艺的"属性"更能打动某一类客户。这种"属性"或许并不直接体现在商业价值的量化指标上，却悄悄勾勒出了企业真正的竞争优势边界。

第二，为什么有的产品/订单能挣钱，有的却不能？

如果某款产品的经营在长时期内出现反复波动，很可能是因为企业生产这款产品很吃力，且并不擅长。从企业"以为自己有优势"（至少没劣势）延伸到"发现自己的不足之处"，就可以界定自身在当下的优势边界。如果企业围绕"什么产品或者业务盈利更大"形成精准认知，而且这个认知还跟随企业的经营持续更新，那么企业必然更容易掌握和发挥自身的优势。

第三，为什么有的业务或场景能挣钱，有的却不能？

数字经济浪潮下，客户其实是分散在不同场景中的，不同场景下的终端客户的需求也千差万别。面对同样的客户群体，有的企业在某一类特定场景中似乎更能抓住客户；面对同样的需求，有的企业在某一类特定场景中似乎更能挖掘客户的需求并转化为销售业绩。对企业的过往经营数据在场景上进行挖掘分析，有利于企业发现自己的场景化优势，并复盘反思，明确自身针对某一特定业务或场景的优势。

从本质上讲，发掘"隐藏知识"就是对自己战略优势的核心及其边界逐渐形成清晰认知。这其实是战略诊断的核心目的，但是在没有数字化系统的时代，没人能帮企业分析得这么细致，而且还是动态迭代的分析。

4.4　隐藏知识：企业真正的核心资产

4.4.1　什么是隐藏知识？

企业数字化系统不仅可以为基层和中层（部门级）的经营管理工作提供自动化和数字化赋能，更能通过全面、系统、实时的数据汇总，分析和挖掘企业的战略执行情况。在所有的战略诊断中，我们将反映、发掘、揭示企业竞争优势的各种细节作为战略诊断的核心部分，而数字系统分析的中心任务就是从不同维度动态、综合地刻画企业的竞争优势。相比企业家和高管此前基于个人经验的模糊记忆，或者是片段化、碎片化、静态的企业内部战略分析（哪怕也用到了数据分析），数字化系统能够揭示更加精细、更加全面、更加系统，也更加触及本质的内容。相比原先企业对自身优势的粗犷理解,我们把这种更加精细化的、潜藏在一些细节中的、关乎企业真正优势及其边界的战略认知称为"隐藏知识"。

"隐藏知识"并不是企业完全不知道的信息,而是企业知道,但知道得不够的信息。这种"隐秘性"来源于三个方面。

一是经营惯性。在企业经营中,由于每个企业的特殊性,以及企业成长过程中的某些"历史原因",每个企业的经营管理都有其独特的一面。有些"独特性"无助于企业盈利,但有的却与企业盈利能力密切相关。但在很多情况下,包括企业老板本人在内,全公司上下都将这种"独特性"视为一种自然存在,于是产生了认知偏差——越是长年参与企业经营、对企业最为了解的人,反而越会忽略一些平时习以为常的"经验"或者"习惯",而这些"隐性经验、习惯"其实包含着企业建立优势的关键。

二是环境变化。过去,人们常常将环境与企业的关系理解为企业是完全"嵌入"环境中的,所以一旦环境发生变化,那么对企业的影响就是全面而整体的。其实,实践观察得出的结论恰好相反,在多数情况下,环境相关的变化(如环保政策)并非是突然发生的,而是一步一步转变的。因此,企业既局部地"处于"老的环境中,又局部地"处于"新的环境中。这种渐变容易让企业家和高管产生两种"认知偏差"。第一种是,一开始感受不到环境渐变所带来的冲击,直到环境变化到一定程度后才猛地感受到冲击,并过多地、全面地否定自己过去的优势。第二种则是,从一开始就提前准备好应对环境变化的冲击,提前否定自身原有优势,并盲目学习模仿所谓的"标杆",但最终往往没有被环境打败,却输给了"变化"本身。无论上述哪种情况,在面对环境变化所带来的动态性、不确定性、复杂性与模糊性时,企业最不清楚的其实并不是"趋势",而是自身应对环境变化甚至转危为机的关键优势本身。这种优势蕴藏在企业原有竞争优势中,但并不是原优势的全部,需要从包括但不限于细分客户群体、渠道类型、产品或服务类型、业务形态或模式、供应链类型、(核心)技术类型等不同的维度深入、细化辨析,并最终精细化地掌握。

三是企业成长。在极端情况下,假如一个企业只有一个人(个体企业),那么要反思其"隐藏知识"其实很容易,也许并不需要什么数字化技术或系统，说不定给予个体工商业者适当的休憩时间，比如享受一次让人放松身心的沐浴，或是一顿可口的美食，就能在不经意间激发其自我反思，从而可能自然而然地领悟到那些关键性的洞见。恰好是因为企业规模越来越大、组织机构越来越庞杂、组织层级越来越多，基层与高层之间的信息鸿沟越来越大，最终导致"上不知下、下不知上"的局面。可能个别基层部门有一些好的做法，如果能在全公司推广就能建立优势，但是高层并不非常了解，因而致使其"浪费"在一个局部；也可能高层基于自己的"宏观视野"，一厢情愿地认为企业有什么优势，而事实上在执行层面、在关键的基层部门，这个优势早已荡然无存。不少大企业所谓的"完善管理"都是在围绕这类问题白白耗费时间和资源，而对于企业组织中真正的闪光点、真正有战略价值的"优点"却不能做到"见微知著""洞若观火"。

基于企业所在行业的特点、企业自身发展历史与规模，以及当前外部环境等诸多因素的交错影响，通常一个企业战略优势的"隐藏知识"至少来自于三个方面。

第一，核心产品。类似于A公司，"隐藏知识"可能表现为企业具备优势的产品（组合），即只要在某产品（组合）范围内，企业就很容易盈利。

第二，核心市场/客户。对于有的企业而言，产品组合并不是其建立优势的关键维度，而细分市场或客户则是企业立于不败之地的关键，也就是企业的"隐藏知识"所在。例如，华为在2021年前后剥离手机业务，暂时退出手机硬件市场。当时，华为面临经营商方面的极大困难，但是其核心细分市场（通信信号基站市场）以及核心客户并没有丢失，那么必然能够找到新的增长点——不外乎是核心客户群体的新需求（延伸出新产品），或者是核心市场的关联细分市场（延伸出新的业务）。

第三，核心产业资源。有的企业看起来好像有很多"优势资源"，但实际上只有某一个或几个"优势资源"是其构建优势的核心和基础。比如，索菲亚在数字化转型之前就实现了（衣柜）家具的柔性生产，而这正是其数字化转型以后延伸到原材料创新的关键基础，因为如果没有柔性制造，上游原材料越创新越会导致生产效率受限，并约束企业盈利能力。再比如，广州的卓远VR游戏设备公司从做4D电影放映门店和经销起家，逐步成为

VR游戏设备的重要生产企业。但随着下游游戏市场发展受限，该企业开始向旅游VR和教育VR转型。在这个过程中，该企业发现自身在设备上的技术、工艺储备是关键资源，便以此为核心建立了全球VR内容创新的合作平台，吸收全球VR内容创意资源，弥补了自己在旅游和教育VR设备的软件上的短板。在没有数字化转型之前，这两家企业都只是粗略地"知道"自己的原有优势所在，直到战略转型扩张的初期，它们都迅速意识到原有优势中哪些具体对新战略拓展起到的支撑作用，这才得以成功。

4.4.2 "隐藏知识"的战略意义

（1）企业优势的"天然护城河"

"隐藏知识"才是公司真正的核心资产。企业建立优势是一系列经营管理活动相互匹配与结合的结果。一家企业（尤其中小企业）之所以能立足于市场，能够建立哪怕微弱的一点优势，都是因为有一些关键性资源（也可说资产）在起着核心的、决定性的作用。以往，企业在粗放式经营管理的基础上，难以对自己做过的业务进行精细化回溯和分析，因此对于自己的"优势"以及"关键资源"存在老板和高管的认知与实际情况并不完全一致的情况。实事求是地讲，正是那些老板和高管过去不太关注的，那些长期潜藏在企业里看似杂乱无序的业务与流程中的，那些被冠之以"经验"和"习惯"的，才是过去以及当下决定企业优势的范围及其边界的关键。

有些业务经验，企业可能习以为常，可同行却未必都明白，而这正是客户在你与你的同行之间更愿意选择你的原因。久而久之，所谓的核心业务、核心客户就形成了。

是什么打动了客户呢？市场上反映出来的，似乎是产品质量、性能、材质等；但具体是质量、性能、材质中的什么细节决定了你的产品更能打动某一部分客户呢？这就不得而知了。因此，同行或竞争对手很难做到完全模仿你的产品或质量，尤其无法有针对性地打动"属于"你的那一部分客户。

在供应链上，那些企业不觉得有什么"特别之处"的某些供应商恰好是支撑企业盈利业务的关键所在。你自己都不清楚的优势供应链,那你的竞争对手就更加不知道了。

(2) 战略扩张的关键支撑

首先,"隐藏知识"不仅能让企业建立优势,还可以在发挥竞争优势的基础上实现市场多元化及业务多元化。一个企业一旦开始掌握并跟踪分析其"隐藏知识",那么对自己竞争力的实质与边界就会有更深的理解,并对"为什么针对目前市场或客户更有竞争力"这一问题就有更加细致的认识。在此基础上,企业老板和高管只需要结合环境变化再问多一个问题:"除了目前的细分市场,还在哪些细分市场,我们也有竞争力?"这样,在发挥隐藏知识价值与优势的基础上,企业就可以顺利进入多个细分市场并建立优势,完成市场多元化,甚至是业务多元化扩张。

其次,除了细分市场扩张,企业在对自己"隐藏知识"持续的挖掘、分析中,还可以发掘出原有客户的关联需求,从而拓宽自己的产品和服务范围,甚至改变商业模式。

最后,扼守核心要素的整合或平台建设。当一个企业开始发掘自己的"隐藏知识",就开始对自己的盈利价值链路有了深入而精细的认识。对于那些不一定靠自己发挥优势才能产生价值、形成盈利的资源,企业就会慢慢从"自己管"变为"找人合作"(这个过程可能很慢,因为资源外包还需要考量多个方面)。在这个过程中,哪怕一项资源转变为"找人合作",都会导致企业对外整合的体系甚至模式发生改变。而在数字经济时代,"找人合作"最便捷的方法莫过于构建平台。"隐藏知识"给了传统(中小)企业聚焦专长的底气:聚焦意味着舍弃,有舍才有得。这里的"舍"并不意味着不涉及,而是不投入管理成本去经营,从而把有限的时间、精力、资源都投入到能建立和强化优势的地方去。

5 第 5 章
Chapter
数字化的战略态势分析

5.1 数字化企业的环境观

5.1.1 企业内外部环境分析

环境态势分析是一切企业战略决策与行动的前提和基础。不夸张地说，没有环境分析就没有战略。企业战略决策者为了全面掌握当前的态势，必须要综合各方面的信息，进行汇总归纳、综合分析、研判趋势，这样才能为企业下一阶段的战略决策奠定一个好的基础。

为了实现全面的态势分析，企业战略态势分析通常划分为外部环境分析和内部环境分析，以尽可能全面地搜集与企业战略决策有关的所有信息，从而形成思考决策。因此，战略管理理论通常将企业战略态势分析称为内外部环境分析。

总体来说，内外部环境分析的前期信息搜集与分项分析工作是相互区分、相对独立的。其中，企业外部环境分析通常采用"宏观环境分析—产业环境分析—竞争环境分析"三层次的分析思路（见图5-1）。人们熟知的PEST、五力模型等，就是用于分析外部环境的理论工具。另外，内部环境分析则通常采用包括价值链、BCG矩阵（用于分析重点业务或产品）、竞争力分析等。对于中国企业，进行内部环境分析时还需要分析企业的成长历程及其战略惯性与管理传统等。

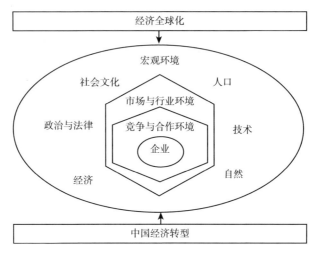

图5-1 外部环境的基本构成

资料来源：蓝海林主编.企业战略管理［M］.北京：中国人民大学出版社.2021.

事实上，内外部环境分析的重点并不在于"分而析之"，而在于"分析"以后的"综而统之"，也就是汇总、梳理、思辨并得出一个关于企业战略态势的整体性趋势研判。然而，近年来的战略管理教材与论著谈分析的多，论综合的少。这是因为，在实践中，无论企业采用了什么技术、什么新的管理方法或工具，战略态势的综合性研判都脱离不了两个基本维度：第一个维度是"利"与"害"，即通过内外部环境分析得到对企业发展有利还是有害的基本结论；第二个维度是"长"或"短"，即通过内外部环境分析得到企业哪些方面是长项、哪些是短板的基本结论。

这样的内外部环境分析一如中国古代朴素的决策思想——"趋利避害""扬长避短"。在战略管理理论工具中，SWOT就用来诠释内外部所有的信息和要素，并将它们划分为"优势"（长）、"劣势"（短）、"机遇"（利）和"威胁"（害）四类。

然而，即便是规范地应用了上述所谓的内部外部分析的理论工具，仍然无法确保企业战略态势分析研判的前瞻性和正确性。这里出现了两个内在问题。

第一个是技术性的。由于内外部环境分析一开始是各自分开进行的，那么，最后如何确保在逻辑上能汇总到一起？这个问题涉及对SWOT的辩证性应用，在本章的末尾会介绍。

第二个是根本性的。内外部环境分析之后，企业研判战略态势的逻辑路径是什么？应该说，外部环境是相对客观的，应该遵循外部环境的客观情况；但是一味遵循外部环境又会导致企业被动地作出战略反应，而不是主动地谋求战略发展。企业能否"挑"环境？企业是否或在多大程度上要根据自身内部环境的特征去"选择"环境？这一根本问题不仅决定了内外环境分析的基本原则，更决定了企业外部环境分析时信息搜集的范围。

数字化企业的战略态势分析一如传统企业，也需要先进行内外部环境分析，然后汇总整合研判。但数字化企业比传统企业具备更强的信息搜集和分析能力，因此第二个问题在企业战略态势分析中就更为凸显。这也是本章讨论的重点。

5.1.2 数字化企业嵌入的客观环境

在数字经济时代，产业融合与纵向结构动态重组等因素导致数字化企业所嵌入的客观环境是一个高度复杂的环境。在经典的"宏观环境—产业环境—竞争环境"的基础上，数字化企业嵌入的客观环境呈现如下基本特征：

(1) 数字技术创新涌现与制度滞后

数字技术创新涌现可能还有30年才会到达技术"井喷"的顶峰[①]，而新技术创新涌现又会导致覆盖、替代之前的生产力，以至于企业生产运营体系可能会因新技术的出现而发生颠覆性改变。从这个意义上说，数字技术

[①] 中国航空航天工业数字化专家宁振波老师在一个大数据学术论坛上回答笔者的提问时说："中国的数字化至少还有30年。"

的持续创新是数字化企业必须持续关注和适应的环境特性。但是,数字技术创新的涌现可能颠覆自熊彼特以来大众对创新技术带来巨量经济价值的认识。因为数字技术对人类社会的生活方式、组织方式甚至是学习、认知、意识等人的行为习惯都可能带来巨大颠覆,所以未必任何一项划时代的技术出现以后都会立刻形成产品和产业,并在市场上广泛推广。比如,虚拟现实(VR)技术就有可能使人更加沉迷于网络虚拟世界,因此VR技术到底是互联网的升级状态还是一种新的"精神鸦片",这一问题可能会在很长的时间里被世界各国政府和社会广泛争论。相应的制度、法规甚至道德规范(或禁止或允许)的调整则会在漫长的争论中逐渐形成。因此,数字技术不断涌现,而社会、市场、人们对其的接受程度以及制度规范的速度则会滞后。这种"创新在前、制度在后"的现象可能带来大量技术应用的不确定性,也可能带来大量"灰色"的商业机会。

(2) 产业环境网络化、生态化

无论是身处产业数字化还是数字化产业的行业背景之中,数字化企业都可能面临数字产业与传统产业、制造业与服务业、制造业之间产业交叉所构建起的产业网络,甚至是生态结构。因此,单纯地跟过去一样分析单一行业的产业结构,很难研判产业的演变趋势,这就导致企业的行业分析可能需要综合若干关联行业的发展情况。这样一来,要么企业需要修改或者是扩充五力模型(如图5-2的示例),要么则需要在五力模型以外重新再寻找分析的工具,如网络、生态系统等。另外,产业环境分析的目的是为企业战略定位与优势选择提供相应的分析支撑,由于产业环境网络化和生态化,企业构建竞争优势的内涵不再只是规模或市场占有率,而是利润分成与定价权。因此,分析产业网络或生态结构,研判产业网络未来的结构性演化趋势,进而把握企业未来可能的纵向优势定位选择,是数字化企业产业环境分析必须回答的问题。

(3) 跨界竞合常态化

由于数字产业与关联产业融合发展,企业面对的竞争环境逐渐从过去的同行竞争转变为跨行业(界)竞争。不同行业的企业通过数字平台交叉进入别的市场,或者借助数字技术跨界进入某一特定行业或市场场景,这类情形逐渐成为常态。这样，企业不再只是分析同业竞争状况，还需要分析跨界竞争与合作等更为复杂的情况。同时，企业也需要不断寻求各种可能的跨界进入机遇，场景化搜寻、多场景中的跨界竞合分析研判成为企业竞争环境分析这一层次的必要分析工作。有时候，跨界进入别的行业场景并不是为了在新场景中建立优势，而是一种类似"围魏救赵"一般的跨界博弈策略。比如，漫友跨界拿到了互联网动漫媒体平台的执照，但一直不正式投入互联网媒体平台上，因为若真跨界进入的话，漫友并不能建立优势。当初，漫友手里握着这个媒体平台执照，只是为了提高自己作为内容供应商，在网易等一众互联网顶流媒体网站的议价能力。所以，数字化企业必须要通过跨界竞合结构分析来厘清自己所处的竞争或者合作结构（如第1章所述），并为具体的发展战略路径、竞合策略等提供决策依据。

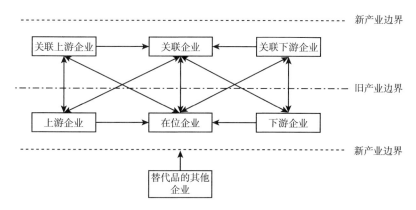

图5-2　修正五力模型分析产业融合

5.1.3　数字化企业对经营环境的认知

无论客观环境如何，企业主观上对环境的认知与判断似乎对企业战略选择的影响更大。加上技术快速迭代、产业融合与网络化、跨界竞合等环境特征，数字化企业对自身经营环境的认知，尤其是企业对自身处于什么行业或领域、要在多大（多元化）的范围内考虑竞合等问题的认识可能会反过来决定企业内外部环境信息搜集与分析的范围。

数字化企业至少可以从两个方面建立对经营环境的认知。

(1) 核心技术的范畴

"我们公司到底是一家数字科技企业，还是一家××行业的企业？"企业核心技术所在的领域或范畴，决定了企业的自我身份认定。在数字技术赋能产业的今天，存在两种自我技术范畴认知的情况。一类是认为自己的核心技术属于"数字技术"范畴，因而管理者就将自己的竞争优势界定在"数字产业"范畴内，并以数字产业为中心搜寻和分析宏观、产业和竞争环境。另一类是认为自己的核心技术属于"数字技术在某行业中的应用"，而管理者则会突出行业场景和应用性，并将自己的竞争优势界定在"应用行业"范畴内，并以该行业为中心搜寻和分析宏观、产业和竞争环境。当然，哪怕是对同一家数字化企业，这样两种分析路径都必然得出不同的战略态势结论。

(2) 核心知识实现价值的范围

企业经营过程中所沉淀的核心知识能够在哪些行业场景中实现价值？在同一产业链上，这个核心知识只创造固定单一的盈利点，还是有多个盈利点？这个问题决定了企业外部环境分析的范围。比如，一家VR游戏设备研发生产企业在VR游戏设备行业沉淀的核心知识能否应用到文旅产业？在文旅产业中，是否也有许多涉及VR大型游戏体验设备的需求场景？它又能否应用到VR虚拟社区化健身设备的开发与运营场景中去？一个数字化企业对自身核心知识的洞察与认知越深刻，就越会发现自己的核心知识原来有可能迁移到其他场景中并创造更多价值。因此，对自身核心知识在多大范围实现价值的认知就决定了数字化企业在进行战略态势分析时对产业网络或生态范围的把握。另外，在不同的行业场景中，数字化企业的行业环境分析甚至需要考虑是以某一个产业链环节（对应某一个盈利点），还是以若干产业链环节为产业分析的中心，这也将直接决定企业对产业结构和趋势到底是"机遇"或"挑战"的客观判断。

5.1.4 数字化企业环境分析的基本逻辑

由于经营环境客观上的复杂性，以及数字化企业自身对环境认知的特殊性，数字化企业环境分析可能需要采用有别于传统企业的方法分析方法来实现企业战略态势分析的基本目标。相较于传统企业环境分析相对固定的套路、模型和方法，数字化企业的内外部环境分析可能更加灵活。但是，如何确保形式上灵活的环境分析是有效的、正确的？这是一个摆在数字化企业战略管理者面前的问题。

分析过程的逻辑框架决定了分析结论的正确性。总的来说，先进行内外部环境分别分析，再汇总整合的基本分析思路并未改变。数字化企业虽然在内外部环境分析时相比传统企业有不少灵活的之处，但这些变化多是为了应对相较于传统企业环境分析更大量的数据采集工作和更繁复的分析工作。针对数字经济客观的环境特征以及主观上数字化企业对环境认知度的差异性，数字化企业存在两种不同的环境分析逻辑框架。第一种是如传统产业那样的"由外而内"的环境分析逻辑框架，即以外部客观环境分析作为一种依据来评价和取舍内部环境分析结果，从而逐步推导出机遇、威胁、优势和劣势四种环境研判。第二种则是"由内而外"的环境分析逻辑框架，以企业内部环境分析与知识洞察为依据，扫描外部多个有潜力的行业场景，然后用企业内部的优势去对照每个行业特征，并找出最适宜的(若干)行业场景，然后逐步推导出机遇、威胁、优势和劣势四种环境研判。

5.2 "由外到内"的环境分析过程

5.2.1 "先决"环境分析的逻辑

经典的战略管理理论框架似乎从来都先入为主地假定企业所在行业就是其后续经营的唯一场域，或者预设企业已决定了要进入某一个行业，而假定企业后续战略活动一定在这个行业中开展。在这样先入为主的潜在假定下，外部环境分析的对象就被"事先"决定了。我们称这种情形的环境分析为"先决"环境分析。这是迄今为止经典战略管理框架应用到实践中时司空见惯的分析思路。大半个世纪以来，这种环境分析的思路也贡献了不少优秀的战略决策,似乎没有什么问题。尤其是在传统的产业结构下,每个行业之间的差异性较大,行业壁垒较显著,"先决"环境分析的思路不仅省去了不必要的信息搜寻和分析工作,在逻辑上还更加清晰。

由于经营环境是"先决"的,所以其环境分析的逻辑是"由外到内"的"适应性"分析。"先决"环境分析的基本逻辑就是分析研判企业内部资源能力能否适应某一特定外部环境(以产业环境为中心)。既然有了"先决"的经营环境,那么战略管理者可以围绕某一行业(甚至是在某一区域内),集中力量、时间和精力,广泛搜集相关信息,并反复且深入地分析研判外部环境的趋势(包括机遇与威胁)。在把外部环境的客观发展趋势研判清楚之后,战略管理者将另一方面(可能同步)的内部环境分析与之对照,着重分析内部资源能力中哪些在行业未来的某种趋势下能适应并建立优势,哪些不能。

5.2.2 "由外到内"的环境分析过程

秉承"适应性"分析逻辑,企业"由外到内"的环境分析过程包括如下步骤:

第一,基于"先决"行业范畴,构建外部环境的分析框架。这一步骤可以结合"宏观行业—产业环境—竞争环境"三层次分析框架,并根据具体行业特征和范围,确定具体的分析对象要素(包括指标等)。

第二,可以与步骤一同步,分析企业内部环境。相较步骤一而言,这一步骤的"标准化"程度更高。企业可以按照价值链、竞争力指标体系来分门别类地搜集企业内部环境相关数据,再辅之以企业成长历程与战略经验、企业家精神与战略认知等方面的定性调研,刻画一个企业的内部环境情形。

第三,通过步骤一和步骤二,可以分析出机遇、挑战,以及优势、劣势,之后再汇总整合,对照分析研判企业整体的战略态势。也可以将研判优劣势的分析步骤放到步骤一和步骤二都完成以后,对照分析内部环境分析出的关键资源能否以及在多大程度上适应外部环境的趋势。根据分析的结果,适应的就是优势,不适应的就是劣势。

5.2.3 数字化企业外部环境分析的基本模型与工具

按照"先决"环境分析基本逻辑，数字化企业的外部环境分析与传统企业外部环境分析的对象和任务并没有本质区别，只是数字化企业外部行业分析可能涉及多个关联行业。但为了支撑数字化企业战略决策的动态持续性，数字化企业的外部环境分析工具需要有一定的数字自动化甚至智能性特征。在应用数字技术进行简单且有针对性开发的前提下，数字化企业的外部环境分析基本模型与工具主要有三种。

第一，PEST框架，着重跟踪数字技术前沿以及法律法规改革趋势。企业可以设置网络机器人爬虫，定期或实时抓取相关主题或关键词的技术前沿动向，追踪相关法律法规的改革动向。

第二，行业交叉的分析模型。这种分析模型的种类很多，包括补充修正后的五力模型、用于构建行业网络分析框架的行业大数据以及针对供应链结构的纵向竞合分析框架等。无论是修正后的五力模型，还是产业网络，甚至生态模型，都应该是动态的，是随着宏观和行业情况变化以及相应数据变化而变化的"智能化图谱"工具，能够及时反映企业所"先决"的行业在纵向结构上正在发生的变化，哪怕是很细微的变化。

第三，依托供应链和市场大数据平台构建的竞争"雷达"系统。通过接入宏观的行业供应链大数据、物流大数据以及市场大数据，企业可以建立从竞品到竞争对手的自动识别系统与分析模型。动态跟踪企业在纵向重组中的优势变化时，这些数字化工具可以帮助企业识别与自己纵向优势同质和互补的企业（群），从而反映企业嵌入的竞合结构，并为后续有针对性地制定竞合策略提供依据。

5.2.4 数字化企业内部环境分析的基本模型与方法

立足于分析环境"适应性"逻辑，数字化企业内部环境分析的目的相对简单：只为厘清若干关键优势资源，而对这些资源之间的组合与协同效应则无须特别关注（这个问题更多地在于后续战略制定时的核心能力组合设计）。因此，在"先决"环境分析的假定下，数字化企业内部环境分析模型与方法的使用更侧重于不断动态地分析企业内部各项竞争力要素的变化情况，包括挖掘贡献业绩的最重要资源列表、价值链中关键环节分析、成本结构以及竞争力指标等。

首先，数字化企业可以建立一套反映内部经营管理现状的实时监测指标体系。在实践中，常常可以与企业绩效考核体系相结合，甚至一套指标用于不同的管理目标。依托这套监测指标体系，可以直观地将企业的全流程生产运营效率、各价值链环节的成本和效率情况可视化，并构建实时的内部大数据分析模型。

其次，制定包括数字能力在内的竞争力评价指标。通过企业竞争力指标体系，持续监测和评估企业的竞争力水平，并不断监测企业对个别关键优势资源的投入情况。企业还可以建立机器学习等仿真模型，锻炼和预测企业竞争力体系中每项竞争力对战略绩效（比如利润）的贡献程度。

最后，确立关键优势资源与竞争对手的数据可视化比较模型。将企业自己的某些关键优势资源与同行业其他竞争对手（或标杆企业）进行对比。在条件允许的情况下，实时反映这种对比结果。

5.3 "由内到外"的环境分析过程

5.3.1 "后决"环境分析的逻辑

除了与传统企业类似的"先决"环境分析，数字化企业还有另外一种环境分析的思路。数字化企业前期聚焦于某一行业场景，经过时间沉淀，有比较有效的经营、战略和管理经验知识。然而，随着产业融合、数字技术迭代、制度改革或需求转变等各种宏观因素影响，企业自身的经营环境可能发生了结构性的变化。首先，企业经营的市场需求开始细分出多元化需求（比如自媒体需求细分出公域、私域、直播、短视频等不同的需求）。

其次，新技术涌现与产业融合可能导致产品技术路线与产业链发生改变甚至分叉（比如新能源汽车出现不同动力类型、不同电池技术路线的细分产业链）。最后，制度变革可能导致原有市场出现萎缩或者新兴巨量市场涌现。

这一系列的环境变化对于企业"先决"经营环境的界定会造成巨大的冲击。企业所嵌入的行业或市场本身在数字经济浪潮下会不断出现结构性改变，并对企业经营环境、行业结构、目标市场等多个维度的外部环境界定造成持续性的冲击。比如，一家电商贸易企业面对自媒体的跨界冲击时，可能无法按照自己原有"先决"的行业或市场来界定环境分析的范围，并做出实事求是的行业结构分析。

同时，上述环境变化可能会为具有一定竞争优势的数字化企业提供多样化"生产环境"的机会。在自我洞察能力的赋能下，数字化企业较之前的传统企业更容易将自己擅长的技术、经营经验与商业模式等"复制"或"迁移"到其他具有一定共性的行业场景或市场中，并快速建立优势。这在传统战略管理的认知中属于"多元化"战略行为，但对于部分数字化企业而言，可能是其主营业务与产品能力的延伸。比如，白云电气在电网变电和楼宇供电场景中沉淀出的电力控制运维的数字化技术能力，对于其进入轨道交通行业场景来说，可能只是产品的组合发生了改变，而非传统战略管理的行业或业务多元化。

这两种情况都让数字化企业在特定发展阶段可能会重新考虑自己"属于哪个行业"的问题。一方面，数字化企业需要不断重新认识"先决"行业；另一方面，也需要搜寻、考察和辨别自己在一些新场景、新市场、新需求下是否能够建立优势。因此，数字化企业有可能打破"先决"环境的认知局限，采取"后决"环境的分析思路。

所谓"后决"环境，就是一开始并不把行业属性强加在企业身上。数字化企业有可能先深刻地进行自我知识洞察，发掘和辨析自身最核心的技术和知识；在内部环境分析与自我洞察达到一定深度以后，再向外部更广阔的范围搜寻自身核心技术与知识能够建立优势的行业、场景或市场。这样，依托自身核心专长而搜寻的潜在外部环境便成为"后决"环境。

"后决"环境分析的本质逻辑是"企业选环境"，而不是"企业适应环境"。与"先决"环境分析的思路不一样,"后决"环境分析的思路要求数字化企业对内部环境的分析要足够深入,要发掘企业数字化业务、生产运营、管理中的核心知识或关键资源能力。在此基础上,数字化企业需要进行广泛的行业场景与市场需求搜寻。所以,如果说"先决"环境分析是要分析研究企业如何在某一个既定的行业场景中"适应"并建立优势,那么"后决"环境分析的本质目的就是要分析研究一个企业应该在哪(几)个行业场景中发挥优势并最大化其价值。

5.3.2 "由内到外"的环境分析过程

"后决"环境分析的思路决定了数字化企业采用这种环境分析时必然是先做内部环境分析,再做外部环境分析。其整个环境分析的实质是,基于内部的优势与不足,找出最能建立优势的外部机遇,并回避外部可能的威胁。所以,企业"由内到外"的环境分析过程包括三个步骤。

第一,深刻的内部环境剖析,剖析和洞察自身核心知识。相较于传统的内部环境分析而言,这一步骤需要在数据分析与挖掘的基础上,将一系列分析工具和理论工具很好地结合到一起完成。所谓的"深刻的内部环境剖析",有时需要从企业家精神与经营理念的本质着手来把握和预判企业未来将在哪项关键资源能力上不断强化;需要深刻揭示过去经营过程中,企业实质上构建了什么样的价值链资源能力组合,并揭示这一组合内在的经验知识。与"先决"环境分析的内部环境分析不同,剖析和洞察自身核心知识的过程并不是罗列目前的竞争力要素并给出相应的程度或水平数值,而是梳理、分析和明确企业最关键、最重要的核心资源及其数字化系统沉淀的关键或核心流程、模式、决策、行为等,这些都是核心知识的体现。

第二,基于步骤一洞察到的企业内部核心知识,搜寻关联行业场景,并逐个进行外部环境分析。对于每一个行业场景,都可以结合"宏观行业—产业环境—竞争环境"三层次分析框架展开分析,而每个单独行业场景分析完成之后,需要对比、整合潜在行业场景,从而清楚地界定企业真正"应该"或"善于"嵌入的经营环境。

第三，将步骤一和步骤二得出的结论汇总整合，分析出机遇、挑战，以及优势、劣势，然后对照分析研判企业整体的战略态势。

5.3.3　数字化企业的知识挖掘与自我洞察

立足于在（若干）行业场景中想要建立的目标优势，数字化企业可以依托自身数字资源和经营数据，挖掘和剖析自身核心知识。因此，在"后决"环境分析的假定下，数字化企业的内部环境分析需要在经典的分析理论与工具基础上，进行一系列深入的、数量化的分析。它不仅侧重于动态分析企业价值链各环节的经营效率、竞争力水平等，还需要揭示贡献于企业过去绩效的根本性和关键性资源或生产运营活动。因此，知识挖掘与自我洞察不是罗列关键资源、成本结构或竞争力指标，而是在这些的基础上发掘核心要素，提炼核心认知，甚至需要构造核心知识体系。

首先，在反映内部经营管理现状的实时监测指标体系基础上，进行反复数据挖掘与机器学习，提供核心要素洞察。为核心资源洞察而设立的监测指标体系可能要比绩效考核指标体系的颗粒度更细，数据维度更多。更重要的是，企业要在生产经营指标体系的基础上不断叠加各种标签化的特征变量，以确保可以从各种不同的特征维度上展开数据挖掘与洞察。同时，对数据挖掘的结果分析也需要从多个维度展开，才能看到原来看不到的规律、特征或机制。比如，一家从事VR游戏设备开发与制造的企业，其可能需要整合供应链数据、生产数据、设备售后运维数据（物联数据）、企业OA数据等多个维度的数据，在多轮次、多角度的数据挖掘与机器学习后，才能确定其核心资源能力（与知识）到底是供应链资源整合、产品开发与制造、设备内容或软件开发，还是数字化运维服务等。同时，数据洞察后的结果也可能更加细腻，深入到"对于哪些产品或客户，企业的核心知识是什么"这个程度。

其次，反推核心知识在价值链中发挥作用、创造价值的过程机理。核心知识发掘的过程在很多时候是"机械"的而非以人为本的，需要进一步厘清"这个核心知识是否可以持续地发挥作用"这个问题。因此，企业需要以核心资源及知识为枢纽，重新解析价值链上所有环节的资源能力是如何配合核心资源与知识创造价值的。有核心，必然有边缘。核心知识本身并不一定能独立创造价值，企业其他非核心资源或知识是如何匹配核心知识创造价值的？要弄清楚这个问题，需要结合企业成长发展的历程，尊重企业家创业的初衷与价值观，才能明确核心知识是否一直是"真核心"。

最后，前瞻性地评估核心知识背后技术的发展前景、成长空间。企业的核心知识是"死"的知识还是"活"的知识？核心知识、核心技术是否还具有成长发展的空间？在技术上，企业是否存在被迫更换核心技术的风险？这些都需要有一个前瞻性的评估与预判，在一定程度上可以结合技术与政策趋势等宏观环境分析。

5.3.4　基于自我知识洞察的外部情境搜寻

在数字化企业对自身核心知识有了一定的认识以后，需要"自内向外"地搜寻和评估外部环境。这里仍然可以套用"宏观环境—产业环境—竞争环境"三层次分析框架，只是具体的分析过程与分析内容较"先决"环境分析有所不同。

首先，立足于核心技术、核心资源的PEST分析。由于行业并非既定，因此宏观环境分析需要针对企业核心技术或核心资源，而并不一定要固化在某一个行业领域中。比如，对某家VR游戏设备企业的核心知识洞察发现，VR设备的人机交互是其核心知识。那么，立足于核心知识的PEST分析就不能局限于分析游戏行业的PEST宏观环境，而是应该围绕VR技术尤其是人机交互相关技术领域开展PEST宏观环境分析。

其次，立足于核心知识搜寻可能的潜在行业场景，并分别进行行业分析。先以核心知识为锚定，在广泛的行业场景中搜寻该核心知识能够创造价值的行业。比如，以VR人机交互为核心知识的企业，需要在包括VR文旅、VR教育培训、家用VR等多个行业场景中搜寻企业核心知识最有可能创造价值且创造价值最高的（若干）行业场景，并逐个分析这些行业场景的结构（采用五力模型）。如果搜寻后发现若干行业场景在产业链上下游结构中具有很高的重复性，那说明这是同一行业范畴内不同的细分市场或细分产业链，或有可能整合为一套基于五力模型的产业分析。而如果搜寻后发现若干行业场景在产业链上下游结构中具有很高的差异性，那就说明这是不同行业范畴内的具体细分市场，则有必要分别进行基于五力模型的产业分析。此时，产业分析的目标是分析论证企业在"可以创造价值"的行业场景中是否具备纵向优势，以及可能面临的竞合结构等。

最后，持续分析每个行业场景中的标杆企业。在每个具备潜在价值的行业场景中，都存在一些与企业潜在市场定位相类似甚至同质化的企业。企业需要持续分析这些标杆企业，学习这些企业在各自行业场景中的经营模式、优势资源组合以及优势的特征与边界。

"后决"外部环境搜寻与研判的最终目的是要帮助企业回答在若干个"可以创造价值"的行业场景中，哪些"容易建立优势"，以及"建立优势还需要哪些资源能力"等问题，为后续的内外部态势汇总与整体研判提供依据。

5.4 战略态势汇总与战略问题辨析

5.4.1 内外部态势如何结合在一起分析？

最后，我们来解决本章一开始提出的那个技术性问题。将内外部态势结合到一起分析，是任何一个企业战略管理者都不可回避的逻辑推导工作。经典理论中，SWOT分析就是辅助这一逻辑推导的工具。但在使用SWOT分析之前，有这样一个问题：S、W、O、T四项分类到底是在分析之前就先入为主确定了，还是辩证确定的？

SWOT分析的前提是将企业内部（价值链分析）和外部环境（宏观环境分析、产业环境分析）的分析结果分别划分为优势（strength）、劣势（weakness）、机会（opportunity）、威胁（threat）四个类别。但这四个类别的划分往往依靠分析者先入为主的判断。分析者依靠宏观环境分析和产业环境分析的结果，先入为主地判断哪些环境特征是机会，哪些是威胁；而在分析优势和劣势时也仅是主观地把价值链分析的结果进行分类。这样先入为主的SWOT矩阵并没有将企业内部和外部环境当成一个有机的整体进行系统分析，而是片面地认为企业内部的价值链优势在行业市场上也同样是优势，行业外部的机会在企业内部也同样是机会，这样会导致企业分析不出真正的优势、劣势、机会和威胁，无法帮助企业做出最适合自身发展的战略定位，更无法建立差异化竞争优势。

事实上，对企业而言，外部环境是机遇还是威胁，并不是一成不变的。

一方面，对一些企业而言的机遇，对其他企业而言可能遥不可及，并无关联。比如，保险业的"风口"一出，对很多企业而言都是一个附加价值利润点的机会，但对某些企业却不是。例如，恒大一度追逐"风口"进入保险业，但后来的退出除了政策"风口"转向的原因，还有就是恒大过去在房地产领域中积累起来的建设项目投资、土地运作等能力，以及集团战略性投资的相关资源能力在财险产业链上很难发挥效用。①

另一方面，对其他企业而言的威胁，有可能对某些企业而言却是机遇。比如，禽流感期间，许多禽类养殖企业养的鸡卖不出去，面临着市场丧失和资金断流的威胁。但有些禽类养殖企业在禽流感之前获得了欧洲养鸡安全认证，这是其他同行企业所没有的稀缺性资源，而这便成为它们的战略性资源。这种资源获得了市场的认可，当时很多快餐店只购买有该安全认证的企业的鸡肉，从而使这些企业转危为安，甚至获利。

由此可见，对机会或威胁的判断不能仅依靠宏观环境和产业环境的分析结果作为唯一依据，更不能进行先入为主的主观判断，而应该是基于内部战略性资源能力和外部环境分析结果进行整体系统的分析而得来的。同样，优劣势的判断也不能单靠内部价值链分析的结果进行主观分类。

首先，相比企业内部的其他资源能力，企业的某些优势也许在行业中并不突出，而且还有可能成为适应环境变化的最大障碍。比如，有的企业下了大力气建设企业文化，自以为是"优势"，但事实上从整个行业的角

---

① 参见 https://finance.caixin.com/2023-09-15/102104112.html。

度来看，优势并不明显，反而不如那些更加重视"数字化"的企业更有适应力。

其次，一些优势企业长期形成的"优越感"和"模式"，有时在静态环境下，与同行业比较会呈现出优势的一面；但是面对动态变化的环境时，曾经所赖以成功的经验和"法宝"却反而会成为企业变革与成功转型的障碍。比如，富贵鸟等曾经的行业"王者"，在互联网浪潮中过于强调过去的成功模式，导致转型失败。

由此可见，真正的优势和劣势不是企业与自己比，也不是静态的，而应该是企业与外部其他企业对比而来的，并且具备一定的动态性。

当先入为主（或者说单一线性思维）地判定优势、劣势、机会、威胁分类的时候，企业所谓环境分析的逻辑归纳已经结束了，之后的机械推导不过是既定逻辑归纳与判断之下的逻辑推演而已。也就是说，有什么样的优势、劣势、机会、威胁判定，就会有什么样的SWOT分析结果输出。这是机械的形而上逻辑：逻辑推演的结果在很大程度上依赖概念范畴的判定，如果概念范畴判定不得当，其结果必然也不正确；而对优势、劣势、机会、威胁范畴内要素的判定又缺乏理性和科学的标准与程序，所做的一切努力不过是把之前做的价值链分析、宏观环境分析和产业环境分析的结果机械地套在SWOT框架内罢了。所以，为了克服传统战略管理在态势分析上的模糊与机械性，更好地服务于"先决"的环境分析和"后决"的分析过程，数字化企业有必要以辩证思维来进行SWOT分析。

辩证思维是康德认为的最重要的逻辑辩析方法之一。自黑格尔完善了辩证法以来，辩证法因其逻辑的严谨性而备受各学科的推崇。辩证法的基本逻辑是从正反或对立的两面来辩析因素，并强调对立双方要素之间的对立与统一是确定事物发展规律与轨迹的基本机制。从这意义上来看，企业战略决策及其战略行为发展规律与路径取决于企业所处的内外部两要素之间的对立与统一。因此，作为内外部环境分析的综合方法，SWOT分析不仅罗列了企业内外部环境要素，而且应在内外部对立统一的辩证逻辑下展开企业环境分析的逻辑过程，从而克服传统SWOT分析法的不足。

5.4.2 辩证的SWOT分析法

第一步是基于内部战略性资源和能力，在外部环境下分析企业的机会和威胁，即SWOT分析中的"O"和"T"。

首先，基于内部战略性资源和能力，在外部环境下有可能抓住并建立优势的环境要素才是"机会"。根据资源基础观，战略性资源和能力是指有价值的、稀缺的、难以模仿的企业内部资源和能力。只有利用这些资源和能力，才能把行业"风口"切实地变成自身发展的"突破口"。如果根本没有这些资源和能力，行业"风口"对企业自身而言就是可遇不可求的。比如，当互联网浪潮袭来时，物流行业有机会借助互联网实现物流过程透明化、信息化，整合物流资源，提高物流效率，最终实现企业绩效。这样的行业机会总是诱人的，但如果企业之前没有深耕互联网领域，没有互联网知识的积累，自然也就没有这方面的资源和能力来实现互联网对物流的赋能。此时，若企业高层盲目拥抱互联网，引入互联网技术，但实际上内部吸收能力尚且不足，这只会让企业措手不及。互联网创新不是一蹴而就的事，总归需要一段时间引导企业内部在互联网领域进行深耕，培养人才，改革物流供应链，培养互联网领域的战略性资源和能力，才能更好地拥抱互联网，把行业"机会"切实地变成企业自身发展的"机会"。

其次，对企业内部战略性资源和能力的发挥起到直接制约与削弱作用的环境要素才是"威胁"。比如，美国把中兴和华为列入"实体名单"，扬言不再给华为和中兴供给芯片，这对两家企业而言似乎都是"威胁"，因为芯片制造是这两家企业的招牌之一，是其较为突出的资源或能力。然而，深入分析可知，华为凭借其内部业已成熟的自主研发芯片技术，即便在无外部供应的情境下，仍能维持并增强芯片生产能力，故美国的此举并未实质性地限制或削弱华为在此领域的竞争力，因此不构成真正的威胁。相比之下，中兴则遭遇了截然不同的境况。失去美国芯片元件的支持后，中兴在完整芯片制造上遭遇了重大障碍，这彻底制约和削弱了中兴的芯片制造能力，对其构成了极大的威胁。由此可见，并不是任何外部环境的"风吹草动"都会变成企业内部的"晴天霹雳"，只有直接制约与削弱企业内部战略性资源和能力的环境要素才是真正的威胁。

第二步是回到企业价值链，基于价值链内部分析，并针对机会与威胁，得出企业的长板S1和短板W1；基于价值链横向分析，并针对机会与威胁，得出企业对比其他企业的强项S2和弱项W2。

企业面对机会时，想要更好地实现抓住机会，就必须从自身价值链内部分析清楚哪些长板能够帮助企业更好地抓住这个机会，哪些短板会导致企业错失这个机会。关键是进行"机会与长短板的即时配对"，因为一些企业在面对一个新出现的机会时，其内部过去较为突出的长板有可能会因为与这个机会"相悖"而变成短板。比如，5G时代来临，先行推出5G手机的企业更有机会获得高利润。小米凭借自身的技术实力本可以抓住这个机会，但其以"米粉效应"主打中低收入市场的长板反倒成为它获取高利润的短板。这样，小米推出的5G手机价格会偏低，毕竟小米不会为了获取这个机会带来的高利润而放弃自己原先最核心的优势，这样会得不偿失。因此，对于小米在先行推出5G手机获取高利润这个机会点而言，"米粉效应"对应的是劣势而不是优势。

同样，企业面对威胁时，也需要在价值链内部分析清楚哪些是真正的长板和短板。长板会形成抵抗这个威胁的一股力量，而短板则会使企业面对这个威胁更加措手不及。关键是进行"威胁与长短板的即时配对"，因为一些企业在面对一个新出现的威胁时，其内部过去比较明显的短板有可能恰好成为长板。比如，2019年华为被美国列入"实体名单"，可谓是一个经济威胁。但所幸的是，因为这个威胁的出现，华为原本的一个短板变成了长板，这就是华为坚决不上市。我们普遍认为，上市公司能够快速大量融资，解决资金问题，而华为不上市算是它的一个短板。但是，如果上市，在被美国列入"实体名单"以后，华为的股价会大跌，但不上市就恰好避免了这种情况，并变成了抵抗这个威胁的一股力量。

由此可见，长板和短板都不是先入为主界定的，而是要依据当前对应的机会与威胁，分析清楚价值链内部哪些是真正的长板和短板，避免陷入静态化的认知误区，也就是要认识到，过去的长板可能成为现在的短板，过去的短板也有可能成为现在的长板。

紧接着，企业还要进行价值链横向分析，也就是要与其他企业相比，发现"人无我有"的强项和"人有我无"的弱项。通过打压竞争对手而实现的竞争优势，也是帮助企业抓住机会或抵御威胁的要素之一。这是从竞争角度来衡量哪些优势（S）能帮助企业战胜竞争对手，比别人更能抓住机会或抵抗威胁，而哪些劣势（W）会让自己被竞争对手击垮，比别人更容易丧失机会或被威胁、限制。这就要求企业突破自身的边界，把自己放在行业中进行地位分析。比如，在美国封锁打压之前，中兴和华为是实力相当的老对手，在国内的市场份额竞争相当激烈，特别是在芯片方面，它们自认为谁也不输给对方，各自在芯片领域都很强。当全球化浪潮到来时，它们都希望借此把自家产品推向全球，这是它们的机会。但在美国实行封锁打压之后，华为因为拥有比中兴更强的自主研发芯片的技术和与东道国更紧密的关系网络，拥有了明显高于中兴的竞争优势。于是，华为凭借此优势，在全球市场上更好地抓住了全球化的机会并抵御了来自美国的威胁。而中兴却因为没有发现相比华为的劣势，疏于防范，于是丧失了全球化的机会并且被严重限制。

所以，强项和弱项都不是先入为主界定的，而是在与外部竞争对手对比时突出出来的。企业应避免陷入以自我为中心的认知误区，也就是要认识到，所谓的强项不是"自己有多强"，而是"跟别人比我有明显的优势"；所谓的弱项也不是"自己有多弱"，而是"跟别人比有明显不足的地方"。

总的来说，整个SWOT分析法都是以企业自身为出发点，然后与外部环境进行互动匹配的。先要明确企业内部所拥有的战略性资源和能力，并基于这些资源和能力，从外部行业机会和威胁当中筛选出独属于自己的企业机会和威胁。然后，再基于已明确的机会和威胁，分别进行价值链内部分析和价值链横向对比分析，进而对每一个机会和威胁进行优势和劣势配对。

5.4.3　态势分析的结果是揭示战略问题

战略态势分析的作用是支撑战略决策，但这并不意味着战略态势分析的直接结果就是为了推导出相应的决策。战略态势分析，尤其是综合各方面情况以后的逻辑推导并不一定能直接得到战略决策的结论。战略态势分析最直接的结果是揭示企业当前的战略问题。

战略问题是指那些在特定发展阶段制约企业按照过去的战略定位、战略模式建立和扩大优势的关键性问题，是那些在没有总体的战略思考和系统性战略安排的前提下，各部门在战略执行上难以解决、难以协调，甚至无所适从的问题，是那些必须要通过自上而下的战略制定以及系统性的战略实施才能得以解决的重点课题。对这些战略问题的梳理与凝练，有助于企业厘清当前的战略态势以及下一阶段战略决策方向的针对性，有助于企业在深思熟虑之后作出有针对性的战略决策。

有时候，"问题"比"答案"更难得，也更有价值。

【示例】A公司的战略问题诊断

1. A公司初次战略分析的逻辑

在初次诊断A公司的战略时，由于对A公司的知识洞察还不够深入，因此暂时采取经典的"由外到内"的环境分析。我们仍然假定A公司的经营战略不会超出其原来的行业，包括产业链环节和市场的区域分布。在这个前提下，我们着重分析了政策、产业结构、区域市场等诸多外部环境因素，并分析诊断了企业内部资源能力的布局情况，进而用辩证的SWOT分析方法凝练企业的战略问题。

2. A公司外部环境分析

首先，遵循PEST框架筛选，分析了A公司所在行业的宏观环境，确定了宏观环境中对A公司所在的整个行业结构存在直接影响的若干宏观环境趋势。然后，采用五力模型，分析了企业所在行业的产业结构。宏观影响因素对A公司所在行业结构可能的影响的五力模型如图5-3所示。

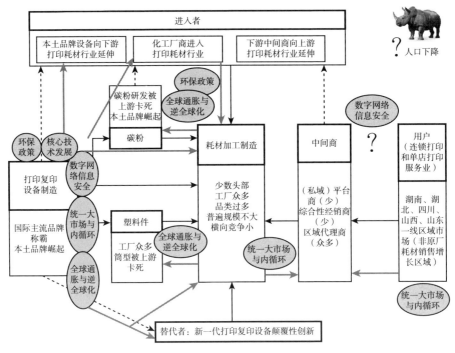

图5-3　A公司所在行业环境分析

3. A公司内部环境分析

结合传统访谈与数据分析等方法，我们梳理并分析了A公司的价值链。我们在分析中尤其强调两个问题：一是每个价值链环节上的资源能力布局，找出A公司自身的长板价值环节；二是分析研讨A公司不同价值环节之间的匹配与协同情况。分析结果如图5-4所示。图中灰色部分是A公司的长板价值环节。由于生产环节只对很少一部分产品而言具有非常高的生产效率，因此在图中用斜线标出。

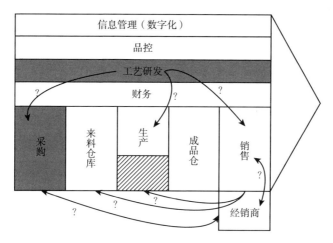

图5-4 A公司初期价值链分析

4. A公司战略问题凝练

接着，采用SWOT分析法，对照分析企业的内外部环境情况，得到一个整合矩阵（见图5-5）。

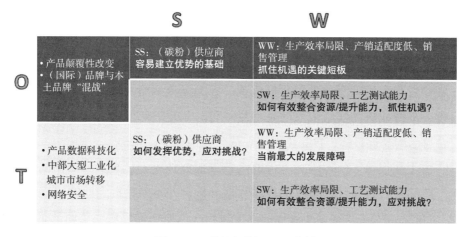

图5-5 A公司初期SWOT分析

我们应用SWOT分析法，输出并不是决策，而是问题。如图5-5所示，我们分析得到企业当前建立优势最重要的基础是关键供应商资源，但如果要利用和发挥好供应商资源，则面临生产效率局限、销售管理与产销这两个环节配合度不够的短板，而这一短板也是当前最大的发展障碍。除此以外，供应测试能力如何发挥价值则是一个左右企业战略方向的问题。如果发挥好了，则A公司能够克服短板；然而，即便企业加强了工艺方面的投入，如果这个环节发挥不好，则并不能有助于企业克服当前的发展障碍。于是，需要就一系列战略问题，与企业的领导者一同讨论，共同谋划战略方向，这些问题包括：

• 公司致力于打印耗材行业的初心是什么？打印耗材的"魅力"是什么？未来在供应商资源与工艺研发与测试两个方向上，更愿意投入哪个？

• 在耗材行业，更重要的是上游的技术、原材料等供应链，还是下游的客户、用户和渠道？接下来的市场决策、产品决策是咬定某个细分客户，整合供应商；还是绑定供应商，搜寻合适的客户？

• 我们了解用户吗？我们愿意在多大程度上更接近用户？我们了解销售渠道（经销商）吗？我们愿意在多大程度上更团结（甚至加入）渠道商？我们如何利用自身优势实现B端客户规模的裂变？

需要说明的是，我们提出的一些战略问题都并不是"有方向性"的，我们也不主动引导企业机械地做"发挥长板、弥补短板"的决策。并不是说企业一味弥补短板或延伸长板就符合创业者创立企业的初心。在理想与现实结合的过程中，战略问题凝练这一环节更多的是希望体察、挖掘出企业领导者真实的理念、理想与价值观。因为无论战略决策与规划如何理性科学，最终战略的实施依靠的是日复一日、年复一年的经营积累。如果不符合自己的长远目标，再完美的规划都会在实施中"走样"。

由于我们给A公司建立了价值链数据洞察体系，因此A公司的高管能第一时间获得企业经营情况的具体数据分析，并不断挖掘企业的"隐藏知识"。可见，上述战略诊断迭代的速度较传统战略咨询更快。我们虽然可以做到每个季度进行一轮战略问题梳理，但由于战略举措的实施需要时间沉淀才能见效，所以实际的战略问题梳理是每半年进行一次。在等到进行第二次战略问题梳理时，A公司已经面临战略定位调整的问题了。在数据洞察的支撑下，我们采用了"由内到外"的环境分析：基于对A公司数据洞察的企业核心知识，向外搜寻适合建立优势的区域细分市场和产业链环节。具体情况请见第6章示例中的"企业定位转变中的'跨界'分析"。

6 第6章
数字化企业动态战略决策体系

Chapter

6.1 战略决策的关键点

在经典战略管理理论中，企业战略决策的内容是非常丰富的。从企业战略制定的层次来看，战略决策包括公司级的战略决策、经营级战略决策和部门级战略决策。从企业战略决策的内容来看，包括战略承诺（如使命、愿景、价值观等）、战略定位（如细分市场定位）、战略优势的类型（如高差异、低成本等）以及重大或关键战略举措等。其中，战略举措又可以进一步划分为并购、联盟等整合方式，并涉及并购、联盟的具体决策。从战略过程管理的角度来看，战略决策还可能涉及商业模式或运营模式的优化方案选择、组织架构的调整方案选择、重要岗位（比如高管）的任命与考核、吸纳或调整董事会成员等。总之，只要是需要在两种或多种行动、方案间进行做选择的问题，理论上都属于战略决策的范畴。

然而，在诸多层面或类型的战略决策中，"定位"（positioning）是最核心的决策。所谓"定位"，是一个相对宽泛的概念，企业战略定位决策的范围广义上可以涵盖从战略承诺到具体产品市场定位的多个层面的决策，而本章将"定位"聚焦在企业界定自己开展业务并建立优势的范围。也就是说，本章讨论的"定位"不包含战略承诺。

界定企业开展业务与建立优势的具体范围，其本质在于实现企业初创时的愿景或者实现理想与现实经营环境之间的和谐共生与动态平衡。前者属于战略承诺的范畴，秉承了企业家创业的初衷或梦想，是企业愿意长期致力于对市场、社会的贡献。但空有梦想并不能在市场上生产和发展，要建立竞争优势，就需要适应经营环境，并在特定环境中建立优势。企业优势的内核是资源，若想长期致力于深耕和投入某个方面的资源，且不会因为环境的动态变化而分散企业的注意力和精力，则必然依靠战略承诺。例如，阿里巴巴致力于"让天下没有难做的生意"，所以在每次开会讨论投资议案时，不管项目多么有前景，只问一个问题，那就是"这个项目能从哪个角度、在多大程度上帮助我们进一步'让天下没有难做的生意'？"这就是围绕战略承诺持续整合强化关键资源的能力。

战略承诺与战略定位之间的关系就如同海面上的船与锚。一艘船停在海上，把锚下到海底，这个下锚的位置就像战略承诺。表面上，看不到这艘船（企业）的锚（承诺）下到了哪里，而船在海面漂着，随风向（环境）的变化而改变自己在海面上的具体位置（定位），但从长期来看，这艘船在海面的位置会围绕着下锚的位置画一个圆形。这个"圆"就是企业制定战略定位的范围，而"圆心"（下锚的位置）就是企业的战略承诺。战略定位与环境的关系，一方面要适应环境（船顺着风向漂），但另一方面则要在环境与承诺之间达成某种平衡（不能脱锚到处漂）。所以，所有战略具体的战略方向、战略行动方案等决策，都可以看作战略定位决策在某一具体方面的体现，而战略定位决策也约束了其他各种具体的战略决策。

战略定位决策的内容多维度的，决策的方法是模糊或"灰箱"的。战略管理理论学者们至今都致力于探索关于战略定位的特性及其背后的规律。单从已有的成熟理论来看，存在围绕定位决策的三个不同理论流派，或说决策维度。首先，以波特为代表的产业组织理论流派（IO理论）强调，企业的战略定位要在产业链结构中确立，要合理选择上下游议价能力相对较弱、进入和替代威胁相对较小、内部竞争强度低的产业链位置作为企业的定位。其次，以卡拉克为代表的定位学派强调，企业的战略定位需要精准地瞄准细分人群和细分市场，而定位决策的任务则是塑造能在目标群体中引起共鸣和辨识度的品牌。最后，以潘罗斯和巴尼为代表的资源基础观学派（RBV）则强调，企业要在诸多类型资源中确定要聚焦整合的资源，当企业的某种资源能力远强于其他竞争对手时，就能建立差异化优势。

上述三个理论流派从不同的维度表明，战略定位决策的核心在于回答企业业务与优势构建的内核与边界问题。"定位"，如果向内看，就是企业在若干备选项（各产业链环节、各细分市场、各种资源）中选择所要聚焦的那个；而如果向外看，就是企业的经营范围与优势的边界。经营的范围（包括产品线、业务类型、盈利点等）一旦确定，就意味着企业并不涉足其他的产品、业务或盈利点（或说难以建立优势）；细分市场的范围（包括区域、渠道、人群甚至功能聚焦）一旦明确，就意味着企业并不重点向其他区域、渠道、人群或功能延伸（或说难以建立优势）；资源能力的范围（比如研发能力、市场开拓能力、生产能力、供应链能力等）一旦聚焦，就意味着其他的资源能力并不是企业着重要整合和积累的对象，相对应的企业差异化的能力也就确定了。

6.2 战略定位决策的过程

6.2.1 经典战略管理的定位决策过程

在实践中，战略定位在三个维度上的选择与取舍是需要有机结合、协同一致的。针对特定细分市场或群体的具体需求，需要与产业链环节范围及其组合而成的业务模式相协调；产业链环节范围和细分市场聚焦，又都与聚焦的关键资源能力相对应。因此，如何决策制定企业的战略定位，其实是一个较为复杂的管理过程。

经典战略管理理论对战略定位决策的过程秉承典型的"从外到内"的态势分析逻辑。企业首先确定经营的行业领域（往往以战略承诺为依据），然后再有针对性地分析外部环境，以及分析内部环境，最后通过内外部态势相结合的方式制定具体的战略定位。

6.2.2 "从内到外"逻辑的定位决策过程

数字化企业还有可能遵循"从内到外"的逻辑（见第5章）制定企业战略定位。数字化企业可以先立足于对自身内部资源能力以及经验知识的深度分析洞察，然后再向外部环境搜寻价值定位（见第2章）。

遵循"从内到外"的逻辑，数字化企业可能基于过去所在行业领域，在坚持战略承诺（所承诺的核心要素在一定程度上可以跨行业场景）的基础上，通过数字化分析与洞察，发掘自身经营经验中的关键知识并将其数字化。数字化后的原核心知识可以借助产业融合与数字经济的浪潮，在其他领域搜寻附加值更高、纵向优势更突出、竞合结构更适宜的行业场景，进而围绕新的行业场景深入系统地展开内外部环境态势分析，然后制定企业新的战略定位。

需要说明的是，"从内到外"逻辑下，新战略定位的搜寻与决策过程可能为企业带来的是多元化的新业务定位，也有可能带来的是企业战略转型的新定位。是否进行业务多元化，取决于企业自身的经营规模、对原行业场景的趋势研判、企业治理结构以及组织能力等多方面的因素。

6.2.3 战略定位的过程决策

经典战略管理理论中的战略定位决策具有鲜明的"点决策"特征。所谓"点决策"，就是企业在某一时间点所做的决策；决策做完后一段时间内不再考虑决策问题，只专心执行决策。但事实上，随着经营环境越来越复杂、不确定、模糊和充满变数（VUCA特性），战略学者们越来越认同并强调企业战略定位决策是"过程决策"。所谓"过程决策"，是指企业的战略决策不是"一锤子买卖"，而是在战略实施的过程中逐步清晰化的。蓝海林教授将这个过程生动地形容为"且行且清晰"[①]。

---

① 蓝海林.企业战略管理："静态模式"与"动态模式"[J].南开管理评论,2007（5）：31-35，60.

传统企业如果要践行过程决策的战略定位，那么就需要多次决策，逐步收窄定位的范围；一边决策，一边根据前期决策来进行战略执行（探索），等执行有了一定的效果后，根据效果，再围绕业务边界与优势的构成不断进行思辨和反思，最终形成一个清晰的定位决策。

数字技术对管理最大魅力就在于它能在监测、分析、沟通、信息汇总等多个方面超越人力局限，做到实时、动态、扁平、精细和精准。对于战略定位的过程决策，数字化企业能够充分发挥数字技术的优势，快速而便捷地对阶段性战略执行的成果进行多方面的计量和评估，从而加快战略定位决策的过程。

6.3 数字化的动态战略定位决策的重点

6.3.1 企业动态战略定位的整合模型

数字化是一种特殊的企业战略转型。这种战略转型的特殊之处在于，数字化升级的方向和目标是模糊的。没有企业能清晰预见自己数字化升级的终点，自然地，也没有企业能在数字化转型的过程中清晰地把握最终自身核心竞争力的组合与编排。因此，围绕战略性资源与能力的获取、整合、提升必然是一个动态演进的过程。

于是，就出现了一个看似"鸡蛋悖论"、实际统一的整体：企业阶段性的战略定位选择决定了该阶段获取和强化哪项具体的战略性资源与能力；而阶段性战略性资源与能力与企业原有核心能力的有机整合，决定了在该定位下企业能否建立实质性优势，进而为下一步定位的动态调整和转变奠定基础。因此，产业链环节和细分市场的定位选择，需要与阶段性的战略性资源与能力的选择相一致，这是一整套决策体系，而不是先后两个管理过程。

鉴于此，笔者提出了企业的动态战略定位模型，将产业链维度定位、细分市场维度定位以及战略性资源与能力维度整合到一起。战略定位不仅仅是选择企业生存的"立足之地",还要明确企业的竞争优势。在相对静态的环境下,企业选择产业链环节和细分市场,企业竞争优势是不言而喻的。但在动态环境下,企业转型升级的阶段性战略定位不仅需要明确企业的"立足之地",还要明确企业的内在战略性资源与能力。也就是说,在面对相同产业链环节和细分市场的竞争对手时,企业该用什么来建立差异化优势呢?从动态战略定位模型(见图6-1)可知有三个维度:一是产业链环节,这一维度广泛覆盖了研发、生产及销售的每一个环节;二是细分市场,其可进一步细化、延伸至具体渠道的子领域,以实现更精准的市场渗透;三是企业内部战略性资源,这是支撑企业竞争优势构建的核心要素。通过将这三大维度有机整合,企业能够清晰地勾勒出其在现有定位下的优势"版图"。尤为关键的是,只有当这三个维度的定位选择相互契合、完美对接,企业方能在相互交织的领域内稳固建立竞争优势,从而真正在战略定位的维度上站稳脚跟,实现长远发展。

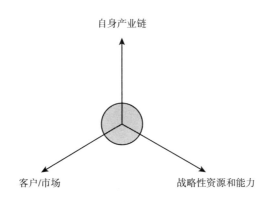

图6-1　企业动态战略定位模型

相比原有静态视角下的战略定位,动态战略定位不仅对企业核心业务范围的产业链环节和细分市场进行了选择,还明确了为了在该产业链环节和细分市场建立竞争优势而需要着力构建和提升的内部战略性资源与能力,使企业的战略定位更加聚焦。它不仅从市场定位(position)角度,还从内部能力角度界定了企业差异化。

动态战略定位模型的"动态性"体现在两个方面。第一,战略性资源与能力本身的动态性。在特定产业链环节与细分市场中，一成不变的关键战略性资源与能力并不足以应对动态的外部环境，而只有随着外部产业结构以及市场竞争环境的变化而变化，才能使企业跟上时代的步伐，从而建立竞争优势。在不同阶段，围绕特定产业链和细分市场维度的定位，企业需要分析当下起决定性作用的资源和能力，并从中选择某一个（或几个）作为企业阶段性核心能力的提升对象。第二，转型升级企业在产业链环节和细分市场上的动态演化。在不改变大行业的前提下，企业的转型升级需要在产业链环节或细分市场上进行一定程度的转移。这种转移需要建立在特定战略性资源与能力的基础上。在阶段性的战略性资源与能力基础上（也包括企业原有的核心能力），企业可以沿产业链维度和细分市场维度选择有能力建立优势的新定位。从本质上说，延伸、转移产业链环节或细分市场是与不断成长、丰富的战略性资源与能力动态匹配的。

基于动态战略定位模型，企业转型升级战略实质上就是企业在产业链、细分市场和战略性资源与能力三个维度，在动态环境下的动态匹配。当企业选择了特定的产业链环节与特定的细分市场，但内在战略性资源与能力却无法支撑时，那么就面临两种动态决策：要么学习、获取与整合新的战略性资源与能力，构建围绕当前产业链和细分市场定位的核心能力；要么依托现有战略性资源与能力，重新在特定产业和市场范围中选择恰当匹配的产业链环节与目标细分市场。

6.3.2　企业数字化战略转型的定位转变路径

在数字化战略转型的过程中，企业有可能动态地改变"产业链环节—细分市场—战略性资源"三者的匹配组合，但这并不是容易做到的。企业在产业链环节或细分市场上每作出一定的转变，都需要以特定的战略性资源与能力为基础。因此，企业应该在战略性资源与能力基本不变的基础上，沿产业链维度和细分市场维度选择有能力建立优势的新定位。另外，在特定产业链环节与细分市场中，关键战略性资源与能力也不是一成不变的。围绕特定产业链和细分市场维度的定位，企业可以深挖需求的变化细节，又或者结合当前的技术前沿，分析当下起决定性作用的资源和能力，找到改变和升级的机会。

一个企业有效的定位转变路径基本上有三种。

（1）原有市场定位—产业链延伸—战略性资源整合

第一种是市场定位不变，但改变产业链环节布局与战略性资源配置的路径。在数字经济浪潮下，各行业都面临数字技术创新带来的冲击以及行业融合发展之下的产业纵向重组。而企业则面临着一个产业分工重组的情况：原来某一个环节的工作可能因为新技术而与其他环节合并（产业环节融合），也有可能分化出新的专业化分工（产业环节细分）。

这类由产业结构性变化而导致企业在数字化升级中的定位转变可能首先发生在产业链维度。企业要先明确自己在产业链中的专业化分工，即企业需要在一个动态重组的产业链条中选择并获取一个足够有价值、能够发挥优势的环节。当然，获取该环节并确立自己在该产业链环节中的价值定位需要基于企业自身优势的战略性资源与能力。根据动态战略定位模型，企业可以基于原有战略性资源与能力的优势，并立足于原有产业链环节的经验和惯性，选择在产业链维度上进行延伸或转移到新的更有价值的环节。而伴随新的产业链环节和新的价值创造，企业将进一步选择是否在细分市场维度上作出相应的转型与调整。

这样的战略定位转变路径，第一步是"对照市场需求选择产业链环节"。企业要重新考虑产业链环节的定位，要从中选择一个（或几个）环节作为自己安身立命、创造价值的专业化分工定位。企业必须要搞清楚自己原有细分客户的具体需求，根据他们的需求来考虑在产业链动态重组之下自己的定位。该固守就固守，该转换就转换，该延伸就延伸。第二步则是"对照市场需求和产业链环节整合资源"。在产业链纵向上进行定位，建立专业化优势，这就要求企业要有相应的战略性资源。由此，企业就需要依据新的产业链环节定位规划和设计新的关键资源组合。需要注意的是，企业原有的战略性资源与新整合的资源要能够兼容匹配，不然再好的新资源也难以发挥优势。等到一个企业新产业链环节转变过去，新资源也就基本整合完成了。此后，企业可以再根据新资源、新产业环节去延伸新细分市场（第三步），满足更多、更有溢价空间的需求（见图6-2）。

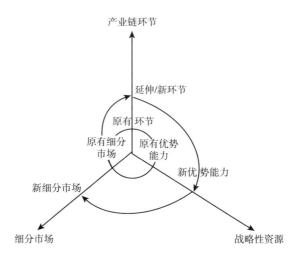

图6-2 "原有市场定位—产业链延伸—战略性资源整合"的定位转变路径

（2）原有产业链定位—市场扩张—战略性资源整合

第二种是产业链定位不变，但改变细分市场定位并相应调整关键资源组合。随着数字媒介、数字社交与数字消费等新的变革趋势，消费者需求与消费行为发生巨大改变。相应地，"市场"与"客户"的概念已经发生了重大改变。近几年，各个市场上消费者的需求转变都非常显著。一方面，终端消费在"回归质朴"；另一方面，新冠疫情等公共问题深刻影响并改变了消费者的消费习惯。对于多数行业而言，无论是终端用户的需求，或者是消费渠道，都在剧烈变化，新兴市场此起彼伏，原有细分市场或者渠道相应萎缩。这是社会进步与演化的必然。

这样的战略定位转变路径，第一步是选择新的细分市场定位。不少企业立足于原有产业链定位，延伸或转换到有增长潜力的新细分市场。当前，搜寻和进入新兴市场已成为一个企业的基本功课，但这不意味着要盲目进入一个看上去红火的细分市场。企业家最大的失败，就在于人云亦云。看着别人做某个细分市场做得不错，就以为是这个细分市场好，却没想过是不是人家有相应的基础，建立起优势来更容易。因此，应根据自身产业链定位以及原有战略性资源基础，搜寻能够建立优势的细分市场。

第二步，根据新市场定位，规划关键性资源组合。在第一步之后，企业需要在过去建立的战略性资源与能力的基础上，对新的市场结构与客户群体进行划分，从原有细分市场定位延伸或转换到新的细分市场。以战略性资源与能力为基础，在细分市场上进行"转型"调整之后，再进一步立足于新的市场定位和原有的战略性资源与能力，考虑在产业链纵向维度上是否需要延伸到上下游环节。比如，面对互联网，有的制造企业基于原有战略性资源与能力，先从传统渠道延伸到互联网渠道，再根据线上线下两个渠道客户群体的整体情况，考虑在上游产品定制化设计或下游售后服务等环节进行延伸，拓宽业务运营体系的范围。

第三步，随着新细分市场的拓展，产品结构以及营销能力可能会得到加强。待资源和能力的提升积累到一定阶段后，可以再着眼于更大规模的市场需求与产品生产要求，考虑是否进行产业链转变（见图6-3）。

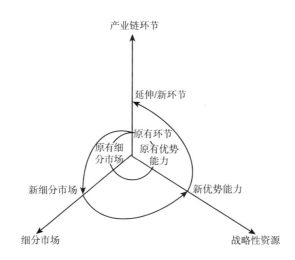

图6-3 "原有产业链定位—市场扩张—战略性资源整合"的定位转变路径

（3）原战略性资源基础—市场/场景拓展—产业链整合

第三种是当企业的战略性资源足够强大的时候，可以直接依托核心资源找到更适合的市场或场景。头部互联网企业进入不同"垂直领域"的定位决策就是这种路径的一种体现。很多时候，互联网企业对看上去完全不同的行业领域或场景之间的差异化并没感到有什么困难。因为它们自身那一套基本算法、大数据系统、数字化平台体系足够强大，在这些数字化能力面前，这些新的产业链环节、新的细分市场只不过是针对不同的"场景"而在企业核心产品、服务体系的基础上做一些调整或是二次开发。

在数字经济浪潮、产业融合与纵向动态性的大背景下，相当一部分企业过去定位的细分市场、产业链环节都不再可持续。于是，企业需要根据行业的重构和变化趋势，选择一个更具成长性的业务，在个别情况下还可能被迫"改行"，俗称"跨界"经营。而目前多数"跨界"企业盲目追逐"风口"，却忽略了自身资源禀赋。动态战略定位模型中，新的战略定位需要在新的产业链分工、细分市场客户群体或者渠道类型，以及既有的战略性资源与能力三个维度上实现动态匹配。企业在原有定位下的战略性优势资源与能力为企业在特定行业中选择产业链环节和细分市场提供了条件，同时新的产业链环节与细分市场选择又为获取和提升新的战略性资源与能力提出了要求（见图6-4）。

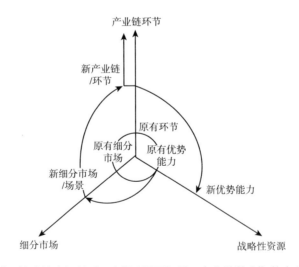

图6-4 "原战略性资源基础—市场/场景拓展—产业链整合"的定位转变路径

所以，当一家企业依托新兴市场整合到新的战略性资源，并融合提升了自己的核心竞争力时，也可以不必太局限于目前的产业链，可以搜寻不同的"行业场景"。到时候,产业链上的延伸可能会跨界整合(跨不同的产业链)。但是,这样的定位转变路径需要警惕企业逐渐陷入盲目"跟风"的业务转变,也就是盲目多元化。这种定位转变的根本原则是新的定位要继续强化企业原有的(部分)核心竞争力,而不是单纯消耗核心竞争力。

6.4 数字化动态战略决策体系

战略决策的首要问题亘古不变,即如何确立企业的战略定位。一个企业战略决策的核心任务依然是"在哪里安身立命"以及"如何建立优势"。如果一个企业的数字化系统(无论软硬件体系如何)不能帮助企业更好地做出战略定位的决策,那么它就称不上是"数字化"企业。

对于战略定位决策而言,数字化系统真正的价值在于能够帮助企业通过对数据进行全面、实时而有深度的挖掘分析,更加精细化地辅助决策。这可能不仅仅要依靠系统中早已设计好的"固定"的、标准化的、程式化的数据分析(DaaS)模块,而是要求企业根据自身具体的经营情况以及不同的环境状况,制定不同的数据分析与挖掘计划(就像本章示例中我们给A公司构建的"产品矩阵模型"那样)。

但万变不离其宗,对企业经营中"隐藏知识"的挖掘与分析是企业进行定位转变决策的关键。

6.4.1 发掘企业定位转变的"支撑点"

很多企业都是被动地转变战略定位的,要么是市场需求发生了转变,要么是技术或者政策环境发生了改变。例如,由于相关政策的变化,新东方不得不寻找新的战略定位。然而,无论主动还是被动的战略定位选择,企业都需要搞清楚在定位转变中什么可以变,什么不能变。不能变的一定是企业的战略支撑点。盲目忽略自身的战略支撑点,再大的企业都会在转型中逐渐丧失优势。

对自身战略支撑点的精细化理解与把握就成了企业有效转变战略定位的关键。就像A公司那样，如果企业能够随着时间变化，反复且精细化地分析其核心的优势板块，则必然找到在细分市场、产业链以及战略性资源三个维度上发挥和强化优势的定位"圈"。这里之所以说"如果"，是因为这个道理对任何稍微读过几本战略管理理论的企业家都不难理解，只是绝大多数人在之前是做不到的——因为没有细化的历史数据支撑。

这就是数字化的威力：由于一套细致的数据架构检测和保存了企业经营管理的全部细节，因此我们可以事后反复地、多角度地、深刻地挖掘分析过去企业经营中潜移默化而又未自我察觉的经验与知识（挖掘"隐藏知识"），并用持续更新的经营数据来验证我们对"隐藏知识"的挖掘。

在笔者了解的案例中，从发掘企业战略的"隐藏知识"到确立企业新的战略定位，最快的也经历了三周多的时间。为了分析经营数据，确立企业战略转型的"支撑点"，我们在确立了分析问题之后都依然做了多种尝试，选择甚至自行设计了多个算法工具来试图清晰、合理和全面揭示企业的实际情况。这种针对战略决策的非标准化的数据挖掘与分析是需要多次试错的，并非一蹴而就。在以前，这对于任何一个企业来说都是毫无办法的，企业规模越大，难度也越大。但如今依托数字化系统就可以做到，甚至在未来企业增强自身数字化能力以后，可以通过低代码等方法自行开发数据挖掘与分析的工具，并进行有针对性的分析和挖掘。到那时，才是笔者理解中真正的商业智能（business intelligence，BI）——只反映情况而不挖掘问题或知识，那不跟钟表一样吗，算哪门子"智能"？

6.4.2 先确定发挥优势的"界"，再谋划如何"跨界"

服务于企业战略转型，定位转变决策在大多数情况下都将面对企业原有经营战略的边界。有学者总结了八大类企业经营战略的边界（见表6-1）。

表6-1　　　　　　　　　　　　企业经营战略的边界

"界"的类别	诠释	举例
价值链环节	企业原来只聚焦某一个或几个价值链环节，但由于战略转型，可能需要（或迫使）"跨界"到新的价值链环节	A公司原本只是做采购，但由于战略定位转变，需要"跨界"到供应链管理（相比采购，这不算延伸，而是价值环节的升级）
销售或品牌推广渠道	企业从聚焦销售渠道或者推广渠道延伸至新的渠道	传统品牌转向线上渠道，"跨界"进入直播、社群等数字营销新渠道
客户群体	企业从聚焦细分客户群体延伸、"跨界"到新的细分市场、客户群体	华为于2021年前后剥离手机业务，暂时退出手机硬件市场。之后致力于进入不同的产业场景，对于煤炭、港口等有5G通信需求的各个行业，都触及其不同的具体需求
价值链	企业从原有价值链"跨界"到新的价值链	原本聚焦在汽车制造业的企业只停留于产品生产的价值链，随着"跨界"延伸进入消费金融等生产服务业业务，其价值链必然要跨越原有制造企业价值链的边界，进入金融服务类企业的价值链
经营方式	企业从过去的经营方式向全新的经营方式"跨界"	新宝电子从过去OEM的低端制造业经营方式"跨界"转向OBM、自主品牌等高端制造业的经营方式
竞争优势的类型	企业从过去熟悉的竞争优势"跨界"探索并投建全新的竞争优势	做OEM的企业对构建成本领先优势，对如何降成本非常有经验，但现在要转变去建立高差异优势，就需要"忘掉"曾经擅长与"习惯"的优势构建路径以及资源组合，探索新的构建优势的路径以及资源组合
经营区域	企业从过去熟悉的经营区域向全新的区域和空间挺进	比如，进入陌生的国家等
行业	企业从过去熟悉和擅长的行业"跨界"到一个陌生的或者全新的行业，即通常说的转行	比如，那些从传统房地产行业转型为以服务业为主的企业

注：OEM=原始设备制造商，OBM=原始品牌制造商。

虽然这八大类"跨界"战略中,越往下的,"跨界"难度越大,越不容易建立优势。然而,现实中却是越往下的,人们的前期选择偏好越大。

对企业有而言,它们基于对自己优势大而化之的粗略理解,往往认为"跨界"是危险的。假如某一个企业只是粗略地认为自己"有工艺方面的竞争力",但不清楚优势在市场(客户)、产品以及企业内部价值链环节的具体边界,那么对自身优势这样笼统而又模糊的认识,无论是在细分市场、产业链环节,还是其他关键性资源的配合等方面,可能都无法帮助企业明确地分析影响其优势发挥作用的障碍。而且,"边界"与"优势"本身一样,也是需要有数据分析来支撑。

对"隐藏知识"揭示得越精细,企业对自身经营边界的把握就越精细,就越能找到如何"跨界"的真正核心问题。所谓的价值蜕变,就是企业对"隐藏知识"的挖掘与思辨,寻求突破边界,实现战略跨界转型与升级。

6.4.3 构筑"闭环"增长原有优势与升级形成新优势

对于大多数传统(中小)企业而言,能在数字化浪潮的冲击下继续保持原有优势,甚至在数字化转型中"越战越勇",已经是一种奢望。更多的企业家处于某种"悲观"状态,他们不敢想象传统模式下的原有优势能在新技术浪潮下持续发挥作用,甚至主动"投降","自废武功",舍弃自己的原有优势。

假若原有优势不能继续发挥价值,"另起炉灶"搞个新优势出来,岂不是更加漫长、风险更高?有效的战略转型一定是先立足当下,后谋求升级。这也是许多传统企业面对数字经济浪潮踟蹰不前的深层次原因:旧的优势不知道如何发挥作用(主要是不知道如何发挥支撑转型的作用),新的优势又不知道如何快速建立。

笔者在为许多公司制定战略时都会强调,要在战略转型中建立优势增长的"闭环"。战略转型不能单纯消耗某种优势,无论是新整合的优势,还是原有优势。许多企业在确定转型方向时都没有犯错,但在具体转型路径的决策时却会犯各种错误,结果白白浪费了转型的最佳时机。

例如，广州励丰文化科技有限公司（以下简称"励丰"）之前的主营业务是各种演绎场馆的声光电设备。但是，随着投建高端场馆的需求日益缩减，其细分市场面临萎缩。于是，励丰到处寻找细分市场，结果找到了文旅项目、旧城改造的新细分领域，并在这些领域继续发挥其在声光电设备方面的优势，打造了茅台镇"天酿"舞台剧场、成都锦江夜游、广西德天大瀑布景区等数字声光电"升级"的文旅项目。^①切换"赛道"并不意味着推倒以前的优势重来，新的定位界定需要仔细思考和审慎决策。

当然，像励丰这样核心竞争力突出、管理完善的企业（如上市公司），不仅可以在战略转型中"闭环"增长原有优势，还能在"跨界"的过程中不断吸收消化新的资源，升级原有优势为新的优势。励丰在声光电设备开发的核心竞争力基础上，结合文旅景区、地块项目投建方和运营方的"痛点"，培育并升级出文化策划、空间策划等新的优势能力。

励丰之所以能完成这样的"优势升级"，在很大程度上与其当初打造了产品开发数据系统有关。因为产品开发的前期经验被数据化保存，所以企业就很容易在全新的领域将已有的产品开发经验与新的场景需求相结合，也很容易用产品设备硬件标准来整合包括文化产业、旅游产业、建筑空间设计等不同行业的创意资源。"隐藏知识"被数字化以后，可能通过互联网在更为广泛的领域中搜寻新的价值点，这就为企业商业模式创新、资源整合升级带来了全新的机会；当数字化价值搜寻聚焦新的价值点（可能是新的细分市场、新场景，也可能是新行业），企业就有了价值蜕变的"新定位"；围绕"新定位"整合构建新优势，企业就完成了战略转型。

6.4.4 理顺拉伸价值蜕变的"中枢神经"

价值蜕变的具体方式对应到战略定位上，首先是企业在细分市场、产业链环节以及战略性资源三个基本维度上突破自己的经营边界。"跨界"的前提是精细化地对企业优势的自我剖析与挖掘，这就是数字化引动价值蜕

① 皮圣雷，王婧.企业数字化转型中的定位调整与核心能力"扬弃"——多个案例研究［J］.管理评论，2023，35（11）：336-352.

变的第一个"中枢"性的作用：对企业战略定位转变而言，企业数字化系统及其数据分析与数据挖掘的能力是这一战略意图、战略决策、战略决心甚至是战略定力产生的"引擎"，更是企业感知市场变化、洞察先机的"敏感神经"。

数字化系统的神奇之处在于，它完美结合了战略决策"参谋"与战略执行"监督"的双重职能。当一个企业确定了战略定位如何转变以后，数字化系统就可以持续地检测转型的进度以及效果：企业"隐藏知识"的优势是否"闭环"增长了？企业从旧的战略定位转向新定位的进度如何？新定位下构建优势的效果如何？原优势是否得到了强化？新优势有没有开始萌芽并茁壮成长？在这一系列过程中，需要动态把控的关键点都可以在数字化系统及其数据分析的"覆盖范围"内。

所以，数字化系统既是企业发动战略定位转变的"初始中枢"，又是转型过程中各个经营细节"末梢神经"汇集信息并进行综合分析的"指挥中枢"。总之，数字化转型的价值蜕变过程始于数字化"隐藏知识"挖掘，发于战略定位转变，衍于优势"闭环"增长与升级，成于数字化系统跟踪监督。

【示例】A公司的数字化动态战略定位

根据对A公司数字化系统运营数据的数月检测与分析，可以大致构建出A公司现有的战略定位与优势范围。

首先，在产业链维度，A公司并没有深入思考聚焦自己应进入的产业链环节有哪些，只是根据业务经营发展的历史惯性，形成了销售、耗材产品生产、上游原材料（参股形式）三个产业链环节。

其次，在细分市场维度，A公司甚至整个行业都以外贸订单为主。这个行业此前10~20年主要被国外品牌垄断了市场，因此耗材部件的生产与销售也主要兴起于给国外品牌做配套生产。所以，A公司这几年也形成了外贸渠道和国内市场两个大的细分市场渠道。其中，外贸订单主要依靠外贸中介，而国内市场渠道则有些混乱，有国内批发商渠道、电商渠道，甚至有同行委托加工的订单。虽然近几年在销售上下了很大功夫，但却总在"找市场，找增量"，而没有去"找客户，抓需求"，因此A公司对终端用户的需求梳理不够，细分市场定位模糊，渠道杂乱（甚至不同渠道的销售团队存在内耗等情况）。

最后，在关键资源维度上，A公司具备一定的产业工艺设计能力以及产品生产能力，但目前这两种能力都不强。至于销售能力，A公司则处于业务员"各自为战"的状态，并没有形成团队的销售能力或体系。

图6-5表明，对于零散的细分市场上的客户而言，A公司现在真正的吸引力在于：有一部分产品的生产效率优于其他同行企业。而这部分产品之所以具有生产效率，是因为A公司发挥了产品设计的能力，并找到了合适的供应商。在A公司所处的行业，生产过程内部没有技术或设备"瓶颈"，供应链的效率决定了企业产能；而有效率的供应链既取决于企业对原材料的工艺把握，又取决于企业下游的客户订单是否"聚焦"。如果订单分散、凌乱，A公司具有生产效率优势的那部分产品占比小，那么A公司的优势就发挥不出来。

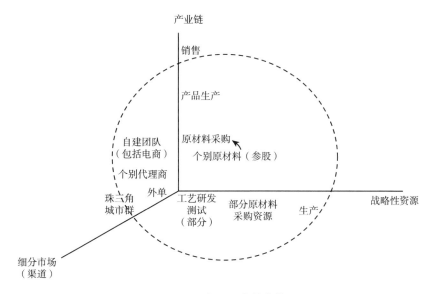

图6-5　A公司原来的定位

1.企业定位转变中需要坚持和发挥的原有优势

基于上述分析，我们认为A公司目前的基本方向是拓展细分市场。然而，企业还需要进一步考虑，在拓展细分市场的过程中需要坚持和发挥的原有优势是什么，而这就是它的战略支撑点。

通过对过往经营数据的分析可知，我们既然知道A公司在一些产品款型方面有着比同业更深的工艺理解，并且这种理解可以帮助A公司瞄准一批供应商，做长期和深入的供应链协同，并享受采购成本优势，那么这种理解就理所当然地可以帮助A公司获得这一范围的产品所对应的客户。而且A公司所在行业的下游客户一般不会经常更换设备，因此也就不会改变对A公司提供产品的需求。所以，在"采购成本优势"的基础上再叠加更倾向于受用敏捷性服务的客户，A公司在扩展细分市场的过程中需要坚持的优势应该是"采购成本优势—敏捷性优势"的组合。

我们为A公司构建了一个类似"波士顿矩阵"的矩阵分析模型（见图6-6）。这个模型的横坐标是销售额，纵坐标是采购周转率，分析的对象是过去几个月里A公司销售的所有产品款型。分析人员在数字化系统的后台数据中按照产品款型筛选每个款型的月度销售额，并按月筛选、查找每款产品采购原材料的来料库存周转率，由于每个款型的产品不止有一种原材料，所以我们要求分析师给出每款产品所需的所有采购商品来料周转率的中位数，作为产品的来料周转率指标。这样，我们就可以得出一个按月呈现的产品矩阵。

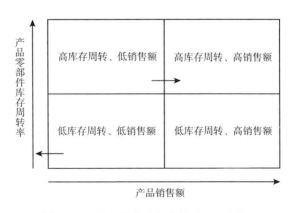

图6-6　A公司优势产品分析（DOK矩阵）

在这个矩阵中，我们根据月度数据，把产品划分为四个板块（见图6-7）。

产品零部件库存周转率

高库存周转低销售额

10041	DFZT0254	SL0023	DFZT0119	LG0058	10671
10003	DZ0072	KM0005	30135	KM0008	10676
XP0034	KM0009	SL0195	30134	LG0057	10346
XP0036	XP0042	SL0196	30136	XP0148	10341
XP0035	XP0043	DFZT0120	30057	10256	SL0245
LG0067	XP0069	30026	DFZT0378	XP0041	10342
LG0066	SL0002	10402	DFZT0379	XP0049	10340
10002	DFZT0239	30059	XP0102	XP0051	10257
10004	XP0033	30058	XP0103	XP0052	10575
XP0072	30158	DFZT0240	XP0104	XP0129	LG0059
XP0071	30159	40081	10046	XP0120	10048
XP0070	DFZT0080	40082	SL0091	XP0132	10616
SL0068	40019	40080	10677	XP0050	10614
DFZT0255	40020	SL0194	DFZT0116	XP0131	10615
SL0041	DFZT0241	30055	DFZT0413	XP0117	10107
10535	SL0175	40074	DFZT0139	XP0119	10108
10536	SL0174	40073	10680	10345	10109
DFZT0253	DFZT0242	40075	10679	XP0130	10600
DFZT0252	40018	SL0094	10678	XP0118	KM0006

高库存周转高销售额

KM0099	XP0115	20024	10065	DFZT0024
DFZT0236	KM0114	D20044	10403	LG0086
DFZT0238	DFZT0100	DFZT0008	10068	SL0154
DFZT0237	DFZT0104	10426	SL0193	10001
40016	LG0C96	E020008	LG0076	E020009
KM10120	LG0C97	LG0061	DFZT0116	E020010
DFZT0235	KM0123	20025	E020007	LG0083
KM0021	LG0089	20023	KM0025	SL0180
DFZ10019	DFZT0272	20022	KM0086	SL0179
DFZT0017	LG0087	10042	DFZ10016	SL0178
DFZ10020	10035	10071	20046	XP0097
DFZ10018	LG0090	10072	DF210081	XP0098
KM0091	10393	10073	DFZ10083	XP0099
XP0114	10029	DFZT0311	LG0084	XP0100
KM0090	D20045	DFZT0005	DFZT0082	SL0067
KM0115	KM10010	10067	LG0079	DFZT0229
				DFZT0228

低库存周转低销售额

10040	20008	DZ0063	DZ0112	A090026
20048	20010	20027	30048	SL0037
XP0112	XP0102	20028	10418	SL0038
DF210022	SL0297	20029	XP0101	SL0040
KM10052	DFZT0333	DZ0061	SL0018	10101
LG0068	DFZT0334	DFZT0327	DFZT0404	KM0110
20011	30160	DFZT0326	DFZT0406	SL0132
LG0053	DFZ10113	DFZT0325	DFZT0011	SL0131
DFZT0332	DFZ10114	DFZT0324	DFZT0405	SL0129
SL0149	SL0102	SL0043	DFZT0344	SL0130
30059	SL0103	30056	LG0055	10030
30066	SL0104	30052	LG0116	DZ0105
10091	10459	KM0019	LG0115	
SL0050	30062	DZ0113	LG0117	
SL0052	30061	DZ0114	SL0150	
10361	30064	DZ0115	LG0114	
XP0152	30065	10362	SL0303	
KM0011	DFZT0280	30050	SL0304	
10165	10168	DFZT0343	DFZT0403	
SL0298	SL0300	SL0011	DFZT0003	
XP0154	SL0299	30080	10495	

低库存周转高销售额

KM0015	LG0002	DFZT0107	10427	DFZT0164
KM0056	KM0082	KM0122	DFZT0310	10528
KM0098	XP0089	10028	10246	KM0061
KM0080	LG0095	10038	10044	40025
KM0097	KM0121	40014	XP0047	KM0079
KM0072	10364	KM0067	10045	XP0109
KM0096	KM0094	KM0066	10043	DFZT0117
KM0057	KM0064	10026	DFZT0163	XP0105
KM0059	LG0094	10027	DFZT0162	10093
KM0058	KM0095	10245	SL0049	10092
KM0073	KM0071	30030	30038	LG0054
KM0040	KM0069	SL0113	10025	KM0137
KM0075	KM0088	30025	XP0046	20047
DFZT0359	LG0001	KM0041	DZ0047	40027
KM0074	10036	KM0043	DZ0046	LG0065
DFZT0361	KM0070	10247	XP0048	10060
DFZT0360	LG0003	10248	SL0101	DFZT0226
KM0081	LG0004	DFZT0021	10560	40026
KM0083	10037	DFZT0313	10066	LG0081
KM0068	10456	KM0042	LG0077	DFZT0023
10086	10058	30063	10529	10530

产品销售额

图6-7 A公司优势产品分析矩阵（月度分析的产品编号列表）

第一，周转率低且销售额低的产品。这类产品，客户下单少，而且相关供应链很差（类似于"瘦狗产品"），因此以后可以逐渐不做这个板块的产品：可以告诉销售部，不要向客户推荐这类产品；万一客户下了单，可转给同行企业委托生产，即便公司少赚一点或者不赚都行。

第二，周转率低但销售额高的产品。这类产品，客户下单多，但相关供应链很差（类似于"明星产品"）。这就要求企业加强供应链管理。我们建议A公司提升与这个板块的产品相关的采购效率，周转率提高了，利润就出来了。具体的做法可以是直接将这个板块的产品清单交给采购部门，限期优化改善，并将其纳入年度考核。

第三，周转率高但销售额低的产品。这类产品，客户下单少，但相关供应链不错（类似于"问题产品"）。对于这个板块的产品，关键在于企业要加强销售，要了解客户的需求：是不是客户对这个板块的产品的需求在下降，还是企业之前没有做过针对性的促销？如果没有，那么可以交给销售部门，限期做市场调查，并采取一些销售激励措施，先看看结果，然后再做进一步决策。

第四，周转率高且销售额高的产品。这类产品，客户下单多，而且相关供应链也不错（类似于"现金牛产品"）。这个板块可以拓展市场的产品板块。A公司的市场扩张必须立足于目前这个板块里的产品。具体的策略如下：

一是进一步深入剖析这些产品的目标客户群体，确认其是否主要集中于"两轮车"市场范畴内。同时，要详尽考察客户的地理分布特征，包括主要客户群体距离工厂的实际距离，以及其所在行业的地域聚集情况。在此基础上，要制定更具针对性的市场拓展策略，避免采取广撒网、无明确目标的全面覆盖方式，而是采取有的放矢的策略，以实现对目标市场的有效进入与深耕。

二是需要进一步分析"明星产品"不能成为"现金牛产品"的原因。分析是不是目前的供应商不行？如果是，那能不能更换供应商，或者增加供应商？如果直接调整供应商结构有困难，就要要求工艺研发部门找到替代性原材料的工艺方案，再让采购部门按照新的工艺方案调整供应商结构。

三是需要进一步跟踪分析"现金牛产品"板块，分析和挖掘目前"现金牛产品"中可能滑向"问题产品"的潜在风险。市场需求或环境不断变化，要及时根据该板块产品的变化情况，评估客户需求与市场环境。这样，对照宏观环境信息，A公司以后的预判才会更准确。

2.企业定位转变中的"跨界"分析

看到边界，就看到了成长。从定位转变到最终的价值蜕变，都绝不是轻而易举的。如果不突破局限，任何企业都只能故步自封。A公司是一家中小型制造企业，乍一看，它的"边界"应该是制造业行业边界，应该是实体商业模式的边界，应该是产品门类的技术边界……但我们认为，考虑企业的"界"与"跨界"问题需要具体问题具体分析。应该从企业自身经营战略的优势基础出发，思考在进一步发挥该优势、升级该优势以及延伸该优势的时候，企业具体需要突破哪些"边界"。

目前，A公司亟待重新界定自己的战略定位与优势边界，可以从三个方面来考虑企业经营与战略边界。

第一，销售环节的组织边界。A公司的销售环节一直由老板负责，虽然老板不断奋力拼搏，但效果不太好，这是典型的策略有问题。其实，A公司的老板骨子里是一个"产品导向"的企业家。若让他弄产品、研究工艺，他可以几天不睡觉，但让他陪客户、打市场，确实有些勉为其难。这些年精力耗费了，身体熬垮了，但是销售业绩却上不去，销售团队和渠道模式也是"越管越混乱"。这里面有个"收"与"放"的问题：从企业经营角度看，自建销售团队、自主品牌营销是否符合A公司的实际？从扩大销售规模角度看，传统的经销代理商模式有可取之处，但为什么A公司用不好？是不是代理商管控模式的"收"与"放"没有做到适度？从销售业绩数据看，杂乱的订单虽然给A公司带来了一定规模，但也增加了销售和采购成本。包括A公司老板在内，许多企业老板搞不好销售的原因都在于"关心则乱"。

第二，供应链资源的规模边界。既然我们认识到A公司的"隐藏知识"在于一系列产品的工艺水平，那么要想发挥这个"隐藏知识"的优势，不外乎两条路：一是打开已有优势工艺水平的产品销路，二是进一步拓宽优势工艺的范围。但是，目前工艺技术部门与采购部门之间的衔接是不畅通的。采购部多是被动采购，只在已有的供应商中寻求原材料采购，而没有主动拓宽供应商资源，更没有对供应商进行评估（因为每个款型的供应商少，评估没多大意义）。供应链资源局限，约束了工艺部分发挥和拓展其优势，最终导致公司核心价值链路"越走越窄"。这就不是企业老板凭自己的个人关系能搞定的了，而要转变企业的经营模式。但在此之前，企业得先要下定转变的决心：A公司在经营上要不要进行主动的供应链管理，要不要倾斜资源？

第三，生产规模与范围的边界。"客户的订单往往不止一款产品。"这是我们在各部门调研时听到最多的话。其言外之意就是，有些难做、做了不挣钱的产品也不得不做。但一个更加质朴的逻辑是：产能提升的前提是生产专业化水平的提升。因此，A公司的战略定位必须要做到"取舍清晰"，即对有优势的产品需要保障自身产能，而对没有优势的产品，需要保障协同生产的有效性与效率。简单来说，A公司未来需要考虑与部分同行企业保持长期协同生产的能力。

围绕上述三个维度的"边界"思考，A公司需要更加精准地聚焦自己的战略定位。

3. 如何在实现定位转变的同时"闭环"增长？

对这三个边界的突破也不是没有方向的。根本的问题在于，突破了这三个边界，能使得企业在定位转变的同时实现优势的"闭环"增长吗？因此，在数字化转型之前，要考虑清楚企业定位于怎样一条转变路径，才能构建企业原有核心优势的"闭环"增长。A公司目前的"隐藏知识"就是产品工艺知识。要考虑如何突破上述三个边界，才能确保公司在转向新定位并建立优势的过程中实现"隐藏知识"的增加、强化，而不是削弱和淡化。结合企业的经营数据以及组织现状，我们与A公司老板最终讨论出了这样的基本方向：

- 聚焦细分市场（包括行业场景以及区域），有针对性地推动改变销售团队和模式。
- 明晰产业链环节上的经营边界，确立企业内部价值链路各环节之间的关系。简单地说，就是明确哪个部门是统领性部门，其他部门都要"听"它的，以其工作结果为导向开展工作。

● 明确公司内部各类型资源之间的重要性以及相互之间的关系。

4. A公司战略定位转变路径

我们最终确定了A公司未来的战略定位（见图6-8）。首先，在产业链环节上，不再将销售环节作为自主开展的环节，而是聚焦原材料供应链管理和产品生产两个产业链环节，并做强做大。其次，在细分市场上，根据对未来国内外（尤其国内各省份）终端需求演变趋势的预判，我们明确销售团队要着力开拓的客户地区逐渐从海外市场转向国内市场，并聚焦珠三角城市群和中西部工业城市群区域。因为A公司无意在销售环节上倾斜资源，因此其市场销售队伍可以考虑逐渐转变为全代理模式，释放自己业务员的自主性与积极性，同时也可以通过代理平台的构建，吸收整合市场上的其他代理商（或团队）。最后，在战略性资源上，为了实现上述产业链和细分市场定位的转变，A公司要持续强化产品工艺研发能力，使之成为企业核心优势基础；要转变采购方式，升级原材料供应链管理能力；要持续优化企业自己的产品组合与生产效率，同时构建委外加工的协同生产平台。

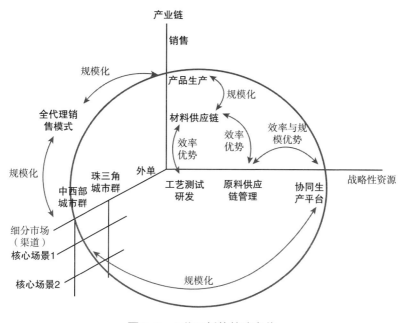

图6-8　A公司新的战略定位

在这个新的战略定位范围里，A公司构建及强化优势的"闭环"是：首先，构建"产品工艺开发—供应链"的效率优势，通过效率优势推动公司供应链管理能力提升。其次，构建"核心产品组合—代理政策"的规模化优势，释放工艺研发与供应链的成本优势，在代理价格、代理商奖励等多种政策下有针对性地扩大销售规模。最后，通过"供应链管理—协同生产"实现效率与规模优势的叠加。通过把非核心产品交给合作生产商，进一步提高供应商集中采购的规模与多样性，提升采购成本优势，同时提高业务规模。

在此基础上，图6-9进一步明确了战略定位与优势转变的路径，这实质上就是A公司数字化以后的战略转型路径。A公司将立足于过去的优势资源（以工艺测试研发资源为主），拓展在原有区域市场的关键场景1的细分客户群，并通过深入和拓展细分市场，带动企业供应链管理这一产业链环节的全新经营，并由此建立供应链管理资源，同时与工艺测试研发资源相整合。随着"供应链管理+工艺研发资源"的扩充，企业再继续向中西部新

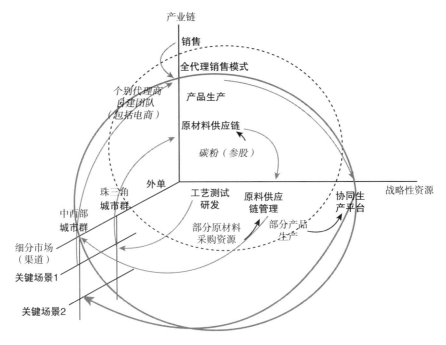

图6-9　A公司新的战略定位转变路径

的区域市场延伸。随着细分市场规模的增长，全代理的销售模式逐渐替代过去的销售环节，并带动建立协同生产平台以及整合相关平台资源。平台资源整合了之后，又进一步支撑企业将细分市场延伸到关键场景2等新的细分客户群。

第7章
数字化企业动态资源配置体系

7.1　对资源的认知决定企业的高度

战略管理者对资源价值的认知决定了企业竞争优势的强弱。企业竞争优势的构建一定来源于资源的配置。不同资源如何组合、编排，取决于战略管理者对每种资源价值和战略意义的理解。对资源的价值理解越深刻、越透彻，战略管理者应用资源的效率越高，配置和编排资源的能效越高，编排资源打造核心竞争力的能力也越强。如果一个战略管理者能对各种资源的价值都有透彻且独到的认知，那么他就可以根据企业的外部环境动态变化，自主地调整企业各类资源编排的结构，提高企业动态调整竞争优势、动态优化核心竞争力的能力。总的来讲，战略管理者对资源价值的认知决定了企业的发展水平，决定了其事业的高度。

对特定资源如何帮助特定企业实现价值的认知，决定了企业能否有效配置资源。比如，针对数字技术资源，不同业务类型的企业利用数字技术可以实现不同的价值。对数字技术结合自己行业创造价值的认知，就决定了企业是否敢于投入数字化，是否能够整合好、运用好数字技术这种"跨界"资源来实现价值，也就决定了企业能否有效地配置数字技术。有的企业认为"数字化"等同于"应用数字技术"。它们看不到数据资源的价值，认为"上一套系统"、省下几个人工，就是数字化的价值。这样的企业纵然高水平地应用了数字技术，工业软件、工业互联网甚至智能制造的水平也不低，但是它们却很难有效配置数据资源，也很难利用数据资源（而非仅仅用数字化的软硬件系统）创造价值。对于能有效配置的资源，企业自然愿意在整合该资源方面加大投入；而对于不能有效配置的资源，在生产运营的过程中会产生或堆积不少这种资源（比如企业生产经营的大数据资源），很多企业可能丝毫不加以管理而使之变为冗余资源。

所以，战略管理者需要不断学习各种资源的潜在价值以及实现价值最大化的方法或路径。战略管理者可以通过系统地学习相关理论知识，如同在学校里学习那样，也可以通过"干中学"的方式，对实践和案例不断复盘和学习。但无论采用哪种方式学习，战略管理者学习提升自己对资源的价值认知终须转化为企业配置资源、整合资源和运营资源的一系列管理方法、模式或体系。如果认知无法转化为实际的管理方法、模式或体系，则说明战略管理者的学习可能是无效的，因为管理方法、模式或体系是从战略管理者个人的认知走向组织认知的。

对关键资源组合内部有机结合、协调一致实现价值的内在逻辑的认知，决定了整合资源的规模。企业所有的管理方法、模式或体系都应该看作是对关键资源组合有机结合、创造价值这一过程的正规化和系统化。因此，围绕企业的关键资源组合，针对如何使其协调一致并共同创造价值的认知，决定了企业整合这些关键资源的效率。假如资源在某一个企业能够被很好地利用并创造价值，那么企业从外部整合该项资源所承担的成本或市场风险也就比同行低得多。这样，这些资源就很容易向善于运用它们的企业或组织集中；相应地，企业整合资源的规模就大，整合能效就越高。

总体而言，对资源的上述特性，高管认知以及组织认知决定了企业能否设计构建对应的经营模式（本书简略地将经营模式划分为商业模式、外部资源整合模式以及组织模式）。对资源的价值认识决定了企业配置什么样的资源能追求更高的能效；对资源实现价值方式的认知决定了企业构建一套什么样的管理方法、模式或体系来稳定持续地发挥资源的价值；对各项关键资源之间有机结合、创造价值的认知则决定了企业围绕这些关键资源如何设计构建经营模式。

需要注意的是,在数字经济浪潮下,由于产业融合与纵向动态性,企业可能需要根据外部环境的变化,在不同阶段动态调整企业编排,构建优势的关键资源组合;相应地,也涉及动态调整(哪怕是微调)商业模式与整合资源的模式以及整套组织模式。

7.2 企业资源配置的基本管理模式

7.2.1 企业价值蜕变的资源组合公式

当一个企业确立了其战略定位以后,若要在这一定位下建立优势,其必然需要配置或编排相应的关键资源,这就构成另一个"定位—资源—优势"三位一体的体系。数字化企业实现价值蜕变的核心在于对价值定位的成功升级与适时调整。判断是否成功的标准就是,在新的定位下能否构建新的竞争优势。从原有优势向新优势的成功转型(变),企业在资源维度上必然要构建数字化的全新资源编排体系。从原资源编排向新资源编排的转变可能并不是一蹴而就的,新的资源编排也需要随着外部纵向动态性下的竞合结构而动态调整。因此,数字化企业的战略管理者需要有动态的资源编排的思维。一方面,不能固执地认为原有关键资源组合中的所有资源在新的数字经济浪潮下都毫无价值,而将其盲目舍弃;另一方面,也不能过分依赖数字技术与数字资源而在资源的投入与侧重上"过度数字化"。数字技术与数字化的战略意义并不在于替代传统产业旧的资源,而在于赋能、升级传统资源,实现资源价值的倍增与升级。在赋能的过程中,从资源编排的角度,企业配置关键资源的组合必然发生改变,但这个改变应该是辩证地保留一部分原有关键资源,结合数字化转型而纳入需要整合的新资源(新资源未必就只是数字资源),并在企业配置与编排资源的数字化方法、模式与体系之下构成全新的资源编排。综上,可以提炼出式(7.1):

价值蜕变=新资源编排=（原资源+新资源）× 数字化编排 　　　（7.1）

为了实现数字化企业价值蜕变的目标，企业需要构建新的优势资源编排体系。式（7.1）围绕这种新的资源编排体系，体现了如下五个基本结构性特征。

一是新资源组合中包括（部分）原有的优势资源。对于任何一个已经具有一定竞争力的企业而言，原有优势资源不应该被立刻抛弃。企业在数字化升级的过程中，不能贸然丢弃掉原来的关键性资源，数字技术与系统非但替代不了，甚至还可能只能在过去的资源运营基础上运行。

二是新资源组合中包含了新的优势资源。价值蜕变可能无法单纯依靠数字化系统，企业需要根据自己的战略定位进行具体调整，明确要获取和强化哪些新优势资源。新优势资源可能是大型企业跨界整合的那些以往在全行业鲜有的资源。例如，索菲亚在数字化过程中跨界整合家具材料研发资源。也有的新资源其实是企业此前在经营中碰到过、尝试整合过的资源，但由于在数字化之前并无显著的优势，所以企业也没有重视其战略性。数字化提升了企业运营与整合不同资源的能效，在全新的发展阶段，企业自然可以整合更加多样化的新资源。

三是新优势组合是以新旧两类优势资源的叠加组合为核心的。首先要考虑原有优势资源与新优势资源之间构建的组合。多数企业在数字化的初期尚不能一蹴而就地实现"1+1＞2"的整合效果，但至少企业需要确保新旧优势资源能够在实际运营中叠加组合起来，不能是"两张皮"，更不能相互掣肘。通常，企业可以通过价值链模型来分析、规划和制定具体的优势资源组合。

四是数字化赋能的作用是放大新资源组合的组合效率，提升能效。数字技术"降本增效"的技术红利不应该只体现在企业的生产、销售等局部环节上，而应该作用于企业特有的资源编排。提高新资源间的协同能效，降低新资源编排的管理成本，这样的"降本增效"才具有可持续性，才能帮助企业建立独特优势与核心竞争力。

五是数字化资源编排是一个动态编排的过程。这是式（7.1）在实际应用中最难之处。首先，新旧资源的组合并不是静态的。企业既需要将这些资源组合起来产生效益，又需要向外部整合新的资源。其次，随着新旧资源组合结构的动态变化，数字技术赋能的系统侧重点、对企业"隐藏知识"的持续挖掘与分析，甚至数字化系统的流程体系与数据架构等，都可能要持续动态调整、优化、升级。所以，对于数字化，从资源编排的角度看，不能妄图"设计规划好了再执行"，而是需要有"一边造船一边航行"的勇气与管理智慧。

7.2.2　设计企业的价值链

首先，我们要勾勒出企业新的价值链图。

（1）新定位下的新价值环节设计

第一步，先要根据新的战略定位，重新设计企业下一阶段的基本价值链环节。在这一步骤，企业尤其要深入分析自己新的细分市场和产业链环节两个维度的定位（或经营范围），深刻洞察细分市场终端用户的需求以及上下游关联方企业的诉求；深入细致地审视产业链纵向环节的盈利模式、可行性以及议价能力。有了这两个方面的分析，企业就有可能全面而详细地列出在既定细分市场与产业链定位下所必要的价值环节。这些为了达成企业的新定位和新优势的必要环节就是企业新的关键价值环节，由此组成的便是企业新的关键价值链。

【示例】A公司新价值链设计

根据A公司的新战略定位（第7章），尤其是产业链环节与战略性资源两个维度的边界界定，我们很容易就明确A公司的核心价值环节应包含工艺研发、供应链（采购）、生产，再加上一些刚性的部门，比如人力资源部、财务部、仓库等。新的价值链环节与原价值链相比，似乎没有太大改动。我们与A公司老板也很快统一了意见（见图7-1）。

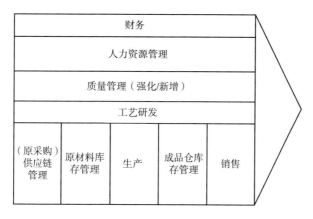

图7-1　A公司针对新战略定位的基本价值链环节

(2) 在新价值链中寻找关键资源组合

第二步，规划企业在下一阶段的关键价值链上建立优势的资源组合。设计了新的价值链并不意味着就一定能建立优势。而且鉴于未来产业链纵向的不确定性，企业建立优势的时候需要考量的不只是横向竞争优势，更有纵向优势。因此，围绕新的价值链，企业必然不能针对完全陌生的关键资源"另起炉灶"，妄图构建完全陌生的关键资源组合。也就是说，在新资源组合的设计中，企业需要确保不同环节的关键资源能在一定程度上发挥原有关键资源组合的优势，甚至能发扬企业过去"隐藏知识"的新价值、新优势。

现实中，企业能迅速且顺利地从一种关键资源组合的优势建立方式转换到另一种是很少见的。而凡是实现了这样转换（通俗来说，也就是实现了"第二曲线增长"）的企业，无不是将从原关键资源组合中的成功经验知识转移引用到新的关键资源组合中（甚至还发扬光大了）。因此，能否顺利转换到新的关键资源组合并顺利完成资源编排，其关键并不在于"哪些有价值的资源应该被组合"，而在于"企业根据过往的经验知识能够很好地发挥哪些有价值资源的组合"。在过去，这一问题取决于企业战略管理者以及全企业长期深入的组织学习；而数字化可以帮助企业发掘"隐藏知识"，能够在短时间内用较高效的方法厘清企业编排新资源所依靠的经验认知的核心内涵。

需要说明的是，企业不应依靠数字技术来考虑配置或编排哪些资源，而是要先通过数据分析（第一阶段的数字化）洞察和发掘"隐藏知识"，之后设计规划新的关键资源组合，再考虑有效构建新关键资源的编排体系，最后再以该资源编排体系为准绳，选择和设计数字化系统的各方面管理与技术要求。当然，如前所述，这可能是一个"一边造船一边航行"的过程。

【示例】A公司新价值链中的核心优势组合规划

根据A公司新的战略定位（见图6-8）以及新的价值链（见图7-1），结合A公司原价值链的优势组合1.0版本（见图4-9），我们确立了A公司新价值链中的核心优势组合2.0版本（见图7-2）。在新的价值链中，A公司将延续1.0版本中"工艺研发—供应链—生产"的优势组合，发展升级为"工艺研发—供应链平台—销售平台"的优势组合。

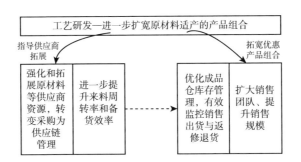

图7-2　A公司核心优势组合2.0版

在通过代理制扩充销售团队规模的同时，A公司工艺研发部门要通过原材料检测、工艺设计来确定自主生产最有优势的产品组合。这个产品组合可以作为依据，确立内部工厂主要生产的产品序列，从而确保内部工厂主要承接工艺上有优势、原材料周转率高且产品销售额或销售利润高的产品生产。在这个优势组合中，企业盈利主要来源于"优势产品组合—优质供应链整合效率—销售平台"三者之间的动态联动。需要明确的是，来自市场端客户的产品需求是动态变化的，这就要求工艺研发部门跟着市场变动，持续不断地为A公司开发自主生产的优质产品工艺，并推动供应链资源动态整合，从而实现供应链整合与前端市场需求两者之间的协同。这是A公司竞争优势的核心基础。

另外，A公司自主生产的产品范围一定小于客户订单的产品范围，所以A公司需要发挥自己销售团队的优势，建立联合生产（外包）平台。随着A公司逐渐从自主生产模式向联合生产模式转变，针对客户订单中自主生产并无优势的产品款型，在基本保证自己产能的前提下，则应该发外包生产。因此，我们建议，A公司的工艺研发部要形成产品标准，让质量管理部门在内部和外包工厂中一体执行。同时，质检部门对外包工厂的质检应做好质检标准文件等准备。这就形成了工业研发与联合生产平台之间的联动与组合（见图7-3）。

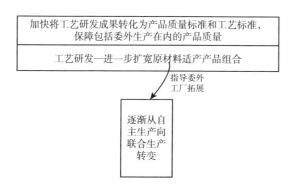

图7-3　A公司次级优势组合

我们为A公司构建了优势资源组合的基本结构，未来要逐步打造供应链采购平台、代理商销售平台、联合生产平台这三个数字化整合平台。A公司的管理模式需要与系统同步完成：升级数字化供应链运营管理体系，监控和评估三个平台的自身效率以及协同效率；建立数字化财务跟踪与结算体系，有力支撑供应商、客户、代理商、合作工厂等多方结算；打造数字化绩效与薪酬管理体系，提高包括销售代理在内的人员工作能效。

（3）构造新价值链中关键资源的新"闭环"

第三步就是让新的资源编排实现资源与能力的"闭环"增长。应用工业软件系统或其他硬件系统并不是数字化企业的重点，其重点应该是构建新价值链中的关键资源组合的"闭环"增长。所谓的"闭环"增长，是指一种资源编排的体系一旦建立，各关键资源之间的配合并不是相互消耗的，而是相互促进的。处于"闭环"增长状态的资源编排一定是高效率的，因为各种资源及其控制人（或相关方）在这样的资源编排体系中具备成长性。进而，更多的外部资源就会主动"涌入"企业的资源编排体系中来。

在关键资源的"闭环"增长中，所有参与人（包括合作方）都会感觉到工作的"畅快"：效率、效益双双提高，还可以不断地积累专业化经验，越做越快，越做越好。当然，"闭环"一定是以企业所挖掘的"隐藏知识"为前提的。但并不是只要企业能挖掘出一点"隐藏知识"，就一定能构建"闭环"。"闭环"增长体系的构建需要商业模式、资源整合模式以及组织模式三者的完美匹配才能实现。所以，一开始，企业哪怕先追求在一个产品或一个订单上实现关键资源配置的"闭环"，那都是成功的。另外，管理变革、系统升级的具体目的应围绕构建"闭环"增长来统筹规划设计，切忌在数字化过程中出现部门级"信息孤岛"或者"数字化替代管理制度设计"等现象。

【示例】A公司新价值链的资源"闭环"

在A公司的新价值链和新优势资源组合（见图7-1和图7-2）的基础上，我们要进一步为A公司梳理清楚其资源间的"闭环"，以确保优势资源组合具有持续的成长性（见图7-4）。

首先，工艺研发扮演了整个公司的"知识核心"角色。外部市场需求的反馈信息不断为工艺研发提供新的研发目标；工艺研发推进和指导供应商拓展与供应链管理；工艺研发也不断形成新的生产工艺标准，指导外包生产与联合生产平台建设。

其次，供应商的拓展不断强化供应链管理部门对供应链运营效率的提升；工艺研发不断赋能生产，引导自主生产部门动态聚焦于具备供应链优势和市场畅销度的产品区间；而销售团队则在工艺研发部门的协助下开拓市场。由此，"客户需求（销售）—优势产品组合—供应链效率"的资源组合就形成"闭环"。

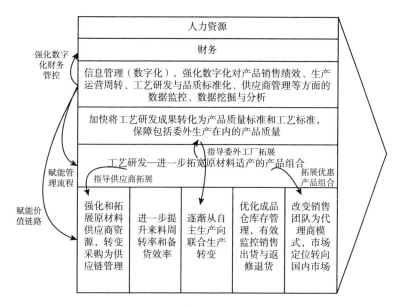

图7-4　A公司新价值链体系设计方案

最后，数字化系统与数据分析（信息管理环节）可以持续为财务管理、工艺研发以及生产运营的一般价值环节提供持续的数据支撑。

7.2.3　打造数字化的核心竞争力

企业战略管理理论中有一个"古老"的概念——核心竞争力。自1997年提出以来，它就让无数中国企业家着迷。没错，西方人谈论核心竞争力只是一时的风潮，中国企业追寻核心竞争力那才真是用心良苦。时至今日，但凡企业简介，没有"核心竞争力"相关内容，都觉得底气不足。

然而，真正的核心竞争力却没有宣传说的那么简单。从概念上讲，核心竞争力的定义是非常模糊的，最早提出核心竞争力的人都没说清楚，只是给出了识别核心竞争力的四个特性：价值性、稀缺性、不可复制性、难以模仿性。所以，严格地讲，甭管是什么，只要满足了这四个特性，就是核心竞争力。

直观地看，企业核心竞争力的构建必然要经过长期沉淀、聚焦深耕。单纯依靠某一类独特资源（比如数字技术等新兴技术或某种稀缺性的资源），往往只能实现其中一两个特性。比如，在萌芽阶段，数字化技术的独特性与创新性的确让许多企业看上去具备了稀缺性这一特性，但是不是有巨大价值，其数字化的经营模式或技术是不是难以模仿、不可复制，这就不好说了。例如，泡泡玛特依靠数字营销的"盲盒经济"一路高歌，看上去价值性有了，稀缺性也有了，可是太容易模仿了，一众品牌跟着玩盲盒营销模式，先动的稀缺性优势就难以持续。紧接着，消费者也"觉醒"了，对盲盒的需求开始出现了拐点，于是乎价值性优势也不复存在。当然，数字营销是最容易迭代的一类数字商业，绝不缺乏各种数字营销潮流。

核心竞争力不是一个竞争力，而是几种竞争力（或者说优势资源）的组合。当战略定位转变的方向确定之后，数字化系统就可以进一步支撑企业原有优势资源与新优势资源构建组合优势。对于并没有从事数字化技术创新的传统企业而言，数字化资源或系统本身并没有稀缺性，甚至价值性还不如原有优势资源。但是，通过数字化系统赋能的新旧资源组合作为一个整体，就很容易同时具备稀缺性（同行业少见）、价值性（具有规模上升空间），而且不可复制和难以模仿（组合结构本身是独特的和动态发展的）。

那么，仅仅依靠原有优势资源与新优势资源的组合能否建立优势呢？可以，但是要"看缘分"——企业想整合某类资源，是不是就一定能有效地整合？企业"凭缘分"碰到的某些资源中，是否存在有优势且有组合潜力的新资源？可以说，数字化系统等数字化资源给企业构建核心竞争力提供了一个"秘方"：构建独特且具体的优势资源组合，不需要再向外部找寻所谓"经验"，而是"向内求法"就行；整合新旧资源的过程中，还可以通过数字化系统的持续数据跟踪，分析评估"组合优势"的情况，并及时做出管理调整。

7.3 企业数字化商业模式微创新

资源配置最终要转化为某种成功的商业模式，企业才能实现价值创造。传统企业要变革商业模式是困难的，因为多数企业对自己原有的商业模式的建成以及建立这种商业模式的有效的条件或基础并没有清晰的认识。大多数中小企业家热衷于寻觅所谓"好"的商业模式，但并没有考虑过它是否以及在多大程度上适应自己的内部资源能力。面对数字经济浪潮，传统企业更加热衷搜寻与学习商业模式，但很少有企业成功实现了商业模式的转变。在变革商业模式的过程中，企业最模糊的并不是"变成什么商业模式"，而是在转变的过程中如何保留和发扬原有商业模式的成功经验，或说"隐藏知识"。

应当看到，一个行业或企业常见的商业模式都是在过去十几年的实践中摸索出来的。在数字化转型中，根据企业新的战略定位，需要重新构建价值链，自然也就需要创新或者微创新商业模式。因此，数字化企业需要以"隐藏知识"挖掘为基础，梳理清楚商业模式中哪些可以调整且需要调整，然后更换或变革为某种新的商业模式。

7.3.1 商业模式中有哪些"可变性"

一个商业模式由几方面要素构成。目前，人们普遍采用"商业模式画布"（business canvas）来呈现和分析企业的商业模式。根据企业新的战略定位，商业模式中的"价值定位"、目标客户群体等必然发生改变，同时产业链环节定位的改变也会导致商业模式中收入结构发生变化。这些可能是商业模式微创新设计规划的起点。

首先，基于新的价值定位与细分的客户群体，需要制定相应的客户关系管理策略以及沟通渠道方面的探索方案。针对新的客户群体，深刻挖掘其核心需求以及消费行为习惯等，找准客户沟通或传播渠道，制定在特定渠道中需要与客户建立的关系。数字化企业不仅仅是对目标客户进行固定且单向的品牌传播，而是需要与目标客户构建一种良性的互动关系。需要注意的是，在不同类型的渠道中，企业可能需要对应制定不同类型的客户关系策略，以强化企业与目标客户之间的社会关联。

其次，规划设计关键业务与盈利模式。沟通渠道的选择与客户关系的规划如果与企业的关键业务与盈利模式割裂，那么客户沟通或客户关系等工作就会成为企业沉重的负担，且绩效收入的转化并不有效。所以，企业需要规划和设计关键业务，并明确盈利模式。关键业务又与价值定位直接挂钩。围绕关键业务的盈利点却不一定只有一种。也就是说，数字化企业纵向定位可以涵盖两个或以上的产业链环节，并分别规划成盈利点。而能否开辟多个盈利点，关键在于企业是否能深入剖析和洞察客户群体的个性化需求。相较传统企业多个盈利点很可能演变为多元化战略，数字化企业可以在数据分析的支撑下，先将针对新客户群体的原业务做好，再根据需求的新特征延伸、拓展到新的盈利点。

再次，规划关键资源、重要伙伴（相关方）。沟通渠道本质上属于资源的一部分。关键资源属于战略定位的一部分。在战略定位决策阶段，企业已经确定了构建优势所必需的关键资源。而在商业模式微创新中，通过与业务、盈利点的具体对照，可以进一步厘清哪些资源是企业需要整合获取到内部的，哪些是需要通过寻找关键伙伴来实现的。数字化企业在生产运营中采用数字技术，既能通过技术赋能升级某些内部资源，也可以通过数字化平台等渠道提高外部关联方资源整合、客户沟通渠道等方面的能效。

最后，利用成本结构，反推和确认关键业务、盈利模式等的设计规划。现实中，数字化企业应避免剧烈改变现有成本结构以完成业务转型。成本结构是企业运行的"根基信息"，尤其对于大多数中小企业而言，企业家并不太在意营收的波动，而是在日常经营中通过控制成本结构保持企业财务上的稳健。所以，受成本结构的"约束"，数字经济的商业模式变革需要从轻微变革、快速迭代开始。每一次商业模式（尤其是客户渠道、关键业务等）的变革都要在企业成本结构可接受的范围内进行，这样才能逐渐增强企业数字化的信心。

【示例】A公司商业模式微创新

对照商业模式画布模型，我们可以将A公司的战略定位与资源组合纳入商业模式中（见图7-5）。首先，我们大致确定了A公司在商业模式上的可变要素。接下来，我们就逐个考虑这些可变要素如何改变，才能适应A公司的战略定位与优势资源组合。

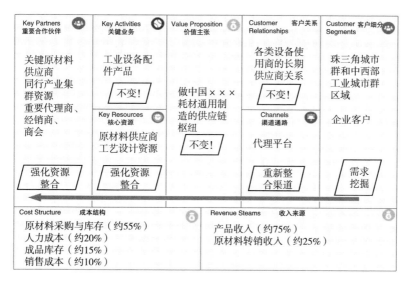

图7-5 商业模式画布

我们认为，A公司在商业模式上的调整转变基本上可以遵循市场需求导向的商业模式调整路径，即在公司关键业务、价值主张和客户关系不变的前提下，以更好地聚焦客户、挖掘需求为导向，调整商业模式的相应要素，包括重新整合渠道，构建销售代理平台；强化工艺设计能力与供应商资源之间的匹配性，强化供应链资源整合；以供应链资源为枢纽，整合并联合工厂和全渠道代理商资源。对A公司来说，这样的商业模式微创新方案可以最大限度地控制原材料和成品库存成本，提升单款产品的利润率。

7.3.2　数字化商业无固定模式

商业模式的可变性要素可能随着企业发展而改变。当前坚守不变的战略定位边界被环境变化打破或者重新界定的时候，客户需求、客户关系、核心业务、盈利模式等多个商业模式的要素就面临调整和改变。可以看出，商业模式微创新是一个基于战略定位的逻辑演绎和推导过程，旨在细化战略定位的决策，使之更加具体化和可操作。数字化除了能给予企业更多样和更灵活的资源、模式、渠道等设计规划空间，还可以通过企业整体的数据架构与数据洞察，提升企业商业模式微创新的效率，尤其是对探索新商业模式的效果，可以有精准且敏捷的数据分析反馈，从而帮助战略管理者及时修正或迭代商业模式微创新。

所以，数字化赋能下的商业模式微创新并不是盲目和静态的，而是有数据分析支撑且动态的转变过程。数字化以后，企业对自己商业模式的具体执行情况可以进行实时与精细化的洞察，尤其是围绕客户需求，以及将需求转变为盈利的各种方式等。在这种情况下，商业就没有模式了——模式的意思就是某种固定不变的程序、套路或者体系，而随着企业越来越精深地挖掘和洞察客户需求及其转变，所谓固定的商业程序、业务方式或体系必然被打破。"变中有不变"才是数字化企业商业模式的总体特征。

7.4　企业数字化整合模式设计

7.4.1　数字化企业的整合方式选择

在第6.3节的商业模式微创新讨论中还遗留了一个复杂的问题没有解决——整合关键资源，包括各种有形资源，以及企业关键伙伴，甚至还包括客户资源。商业模式的微创新必然以突破现有企业资源局限为基础条件。

传统战略管理理论强调"自建、并购或联盟"三种基本方式来实现企业资源的整合与扩张。而对于需要整合陌生或新兴关键资源的数字化企业而言，依靠自己的经验认知，用自建的方式实现资源整合显然是低效的。所以，本书着重讨论数字化企业采取产权整合或非产权整合的决策。

从本质上讲，以并购为主的产权整合能让企业对获取新资源拥有更多的控制权，企业与并购对象之间的沟通和管理成本也相对较低。但是，成功的并购整合有一个前提：实施并购的企业（主并企业）对并购对象（被并企业）的关键资源能力及其运用的内在逻辑应比较熟悉，不然就很容易变成

"外行领导内行"或是出现"内行搭便车"的现象。这种情况就是经济学里所说的"委托代理矛盾"。

而相对应地，以联盟为主的非产权整合则让企业规避了自己并不是熟悉或擅长的领域，可以发挥每个联盟伙伴的专长，实现"八仙过海，各显神通"的效果。但是，联盟伙伴双（各）方相互之间并没有产权上的隶属关系，所以联盟这种整合方式对联盟双方的约束力和控制力都较弱。当存在共同利益时，联盟关系可以很紧密；而一旦共同利益不存在时，联盟关系随时都面临崩塌。所以，联盟一旦结成，沟通成本和交易成本依然很高。

相比之下，数字化企业更愿意采用非产权的联盟方式整合资源，其中最为典型和普遍的就是数字平台或者生态。但这有一定的发展阶段局限。在过去十来年里，互联网、大数据技术对商业社会产生了颠覆性影响，大多数企业虽然没有相关专业技术，却迫切希望参与电子商务等数字化的商业生态。在这一阶段，数字平台或生态很容易为这类企业带来互补性利益，自然也就成为数字化企业最容易采取的资源整合方式。

平台实质上为产业链上下游伙伴提供了便利性的交易载体（或者说局域性或内部市场）。在这个交易载体里，要么构建平台的企业并不直接参与交易，而仅仅是提供交易的场所或载体；要么构建平台的企业自身就是平台的主要交易者。无论何种类型，平台要持续运行并帮助企业整合外部资源，其关键在于通过设计平台规则、确保平台的交易量/交易额等手段来降低产业链上下游合作伙伴的交易费用。作为参与者，平台的交易费用考量主要有两个方面：一是平台作为一个交易载体，较平台以外的市场交易而言，其减少交易费用的情况；二是参与企业加入平台后较没有平台以前新增的交易费用部分，包括平台费用、服从平台监管等。

因此，当数字化企业试图构建平台或生态时，不应将平台或生态本身作为某种优势。平台或生态的参与者有哪些，它们在这个局域性市场中如何更高效地实现交易，这些才是平台或生态构建者需要深思熟虑的问题。

7.4.2　关键资源的"闭环"与规模边界

资源整合就是为了突破规模局限，但是突破规模局限的底层逻辑是使用资源创造价值的效率。本质上，企业做某件事的效率越高、成本越低，市场上相应做这件事的人就越会把资源通过某种方式向企业汇聚。单纯集中资源的规模只是"纸面规模"，只有能有效和高效运用这些资源创造高于行业平均水平的价值，才是企业的"经营规模"。因此，企业在考虑整合关键资源时，不能一味盲目地采取联盟或并购等策略，而需要在整合外部资源的同时，加快提升自己对这些资源运营和管理的效率。

对于数字化企业而言，内部关键资源运营的"闭环"需要与外部资源整合的"闭环"相结合。内部资源运营的"闭环"使企业内部的竞争力随着经营规模的增长而提高，而这恰好能使企业运营特定关键资源的效率越来越高，那么自然而然地，从外部整合该类资源的规模边界就可能越来越向外扩散。换言之，企业以内部资源运营的"闭环"为基础，那么向外部整合资源的规模就可能逐渐扩大，进而达到克服资源局限的目的。

【示例】A公司整合供应链资源的平台设计

我们认为，为了整合供应链资源，A公司有必要构建供应商管理平台，其核心目的是为了确保和强化多种零部件与原材料的供货稳定性。那么，A公司未来就要加强供应商供货及时率和供货质量的考核，并将这种考核通过数字化平台反馈给供应商。供应商是否有MES系统、是否要联并MES系统，这些反而并不是我们构建供应链管理平台的重点（见图7-6）。

数据的及时反馈一方面是为了加强与供应商的沟通，另一方面会影响后续与供应商之间的采购议价。更重要的是，同一零部件供应商结构优化的必要性、增加备选供应商的紧迫性等，这些都可以通过数字信息反馈给供应链管理部门，并通过有的放矢的管理工作完善平台供应链结构。

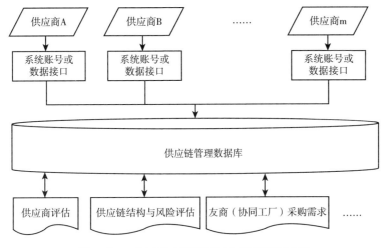

图7-6　A公司供应链管理平台设计草案示例

7.5　企业数字化组织模式设计

"一边造船一边航行",这一过程不仅涉及企业的资源配置模式、商业模式甚至是资源整合模式,还涉及企业的组织模式。企业的组织模式包括组织架构、部门分工等,都是战略决策与设计实施的重要支撑,自然也会随着企业战略的转变而改变。

组织设计包括部门分工、协作、指挥链、组织层级、集权与分权等几个基本方面。而数字化企业的动态战略转变必然会导致这几个方面出现变化,因而数字化企业的组织设计也需要从这几个方面出发来持续思考、设计和调整。

7.5.1　部门分工与协作

数字化商业模式和整合模式的转变会导致企业生产经营的总体流程发生变化,这种变化有可能导致部门的重新划分,也有可能对重点部门提出新的职责要求。

比如，在构建供应链管理平台后，会要求工艺设计部门在系统中审核供应商。在过去，这只是两个部门之间偶尔、临时的协作，而且并不反映任何一个部门的工作绩效。但是，有了供应链管理平台子系统以后，供应链管理部门就有了限期完善供应商结构的职责。鉴于这一职责的严肃性，随意选择供应商已不可行，因此需要工艺设计部门完成供应商产品技术审核并在系统中进行审核操作。

7.5.2　数字指挥链与组织层级

数字系统对于员工最大的冲击其实在于"系统就像个监工"。在数字化系统的赋能下，有不少岗位的员工可能会感到自己似乎是在听"系统的命令"。

但是，数字化企业要考虑一个问题：到底是数字系统在指挥基层员工，还是中层在指挥基层员工？

"人治"的好处就在于有温度；系统指挥虽然效率高，但却冷冰冰的。因此，设计数字化组织模式时必须首先厘清哪些事情必须通过系统完成监管链条，哪些事情可以人为处理。

与指挥链相关的另一个问题就是管理层级问题。传统企业是直线职能制组织结构，普遍存在三到四层组织层级。但是，有了数字化系统以后，一些标准化的生产活动以及一些"大家都很熟悉"的事情，其实可以通过数字化系统实现"老板直接管到基层"的效果。这就会让原本的中层管理岗位出现"人浮于事"的情况。

有了数字化系统后，企业会因为流程优化与生产效率升级而淘汰一部分中层。当这个阶段结束后，我们不建议企业在后期急着裁掉中层，哪怕"他们没什么事做"。因为管理转型的过程中有很多非结构化、非标准化的情况出现，这些是系统解决不了的，需要中层管理人员进行协调与沟通。以后管理人员的主要职责是分析数据、发现意外和处理意外。

7.5.3 数字化转型后的组织权力结构

组织内部的权力其实就那么几种：财权、人事权和事权。民营企业的财权和人事权一般都掌握在老板手中。所以，对于中层而言，事权是他们唯一的权力空间。但是，在有了数字化系统之后，他们原来的事权就被干扰了。原来依靠人际关系实现的权力价值，现在就可能很难实现了。

基层数据不实往往成为企业长期面临的顽疾，因此企业应建立常态化的数据复核机制，以确保数据的准确性。这一现象背后的深层次原因在于，中层管理者对数据掌控权的追求，他们往往视解决数据问题为其存在价值的体现。然而，当数据持续稳定，没有问题时，中层管理者的价值则更多地体现在应对非标准化情境、推动管理创新等更高层面的贡献上。

数字化原本就是高度集权，中层管理者会逐渐向基层和高层分流。以后，A公司可能会成立很多专项委员会，这些委员会集中各部门以前的精英，并依托数字沉淀和挖掘到的"隐藏知识"开展专项工作。比如，可以成立代理商平台建设委员会，它并不在销售部之下，而是集中了供应链管理、销售、工艺研发部门的精干力量。依托数字系统，它可以展开专项分析和测试，从而不断提出各种代理商激励政策方案。

7.6 构建新资源编排体系的保障

数字化企业有必要且有特定的方式和方法设计企业的经营模式，但是构建新的、数字化赋能的新资源编排体系需要有一系列的前提或保障。

（1）适度坚守原优势的"阵地"

新资源组合得以成型一定是建立在原有优势资源发挥支点作用的基础上，所以不能从数字化转型一开始就舍弃原有优势。必要地收窄原有优势资源的范围是可能的，但企业需要在收窄原有优势资源范围过程中确立战略支点行动优势资源，并努力发挥其应有的作用。

（2）企业家的决心

面对全新的经营模式、全新的技术与资源、全新的战略定位等，数字化企业若要彻底整合数字技术与原本的关键资源组合，就得要求全体员工都能迅速摆脱过去的模式习惯，转变并建立新的模式和习惯。这个过程只有企业家树立足够坚定的决心才可能成功。

（3）在"扬长"中不忘"避短"

构建数字化优势资源组合的过程，一方面要发挥优势资源的"长项"，另一方面也要务求"避短"。所谓"避短"，不是见到什么不足都着急去补，而是一种不回避困难的态度。

（4）"一边造船一边航行"

数字化企业的系统并不是一蹴而就的，而是在执行的过程中不断优化的。当一个企业构建新的优势资源组合时，数字化系统也必然要一步步完善和升级。在这个过程中，数字化系统不能还跟前一个阶段一样，而要扮演情况汇总、问题揭示和"隐藏知识"挖掘等角色。同时，企业也应该把数字化系统当作"作战参谋"。所谓"作战参谋"，就是说数字化系统应该要反映企业新旧资源组合转换的进展，揭示新价值链路构建的成效等。不仅如此，如果数据再丰富一些，企业自己的管理再细化一些，数字系统还可以实现系统仿真，对未来趋势进行预测，为企业的管理决策提供支持。

第 8 章
数字化企业战略过程管理体系

8.1　战略是干出来的!

　　战略不是回答"我们未来干什么",而是回答"我们当下干什么才有未来"。企业的战略如果只停留在想法和规划层面,那么对于企业来说就没有价值。战略执行也是战略的重要组成部分,在开始执行前,谁也无法准确预计未来要发生的事情。许多成功的战略都是以某种"边执行边做战略"的方式完成的。所以,企业的战略管理必然是在一个动态过程中完成的。

　　然而,战略决策,包括方向、定位与目标等,以及战略制定阶段围绕资源组合的配置以及各种模式设计等,对于企业各级员工而言还是太"虚"了。因此,一切战略构想与规划都需要解码为一系列的战略行动和战略管理流程体系,战略的执行才能被有效推动。进一步地,战略的所有行动或举措都需要落实到人。唯有如此,企业在日常经营管理过程中方能有效地追踪进度、紧密跟进并评估各项任务的结果;各项战略任务、战略举措也才有具体负责的人来反馈问题、汇报成绩等。一般而言,称得上是战略任务或举措的行动,都需要多个部门协调才能完成。因此,战略任务的分解要明确具体负责的部门,以及配合执行的部门或人员,并设计好相应的工作和协调机制。

有些企业发现，即使战略落实到人，但还是收效甚微。其主要问题是，落实到的人没有动力去努力完成。组织执行力不够，就会影响战略执行的效果。那为什么会出现动力不足呢？因为作为各级管理人员来说，企业的战略任务是"额外"的工作。他们会想，原本干得好好的，现在凭空增加了一些工作量，还挺难干好，干好了也不一定有奖励。因此，在将战略任务分解落实到人的时候，必须要辅之以战略绩效的考核与激励制度。除了各岗位员工日常的工作绩效考核以外，对中层以上管理人员以及若干骨干岗位人员，还应该进行战略绩效考核，以监测和评价他们执行战略任务的完成进度与质量。对达到既定战略任务甚至还超额完成战略任务的员工，应该给予相应的激励；相对地，对于没能达到既定战略任务的员工，则要进行相应的处罚。在必要的时候，对于无法或不愿意完成战略任务的人员，要做出岗位更换、追究责任等处理。

因此，战略执行效果的监测和动态调整就显得非常重要。只闷头走路而不抬头看路不行，只闷头执行战略而不监测战略执行情况更不行。对战略执行的监测方式包含人员监测、阶段性结果监测以及行动过程监测等，但是对战略执行的管控不能过度。过度监测会造成人员浪费，同时也会给具体负责执行的人员造成不信任感，从而导致更大的组织内耗。数字化企业可以依托数字化技术或已有的系统完成便捷化的监测，这是相比传统企业更有优势之处。

另外，监测战略执行效果不能仅仅用于奖惩，这会加剧战略执行人员的KPI导向思维，严重时甚至会导致组织的战略执行向与战略意图相反的方向发展。数字化企业通过数字技术或系统完成对企业战略执行的动态跟踪监测，可以实现动态监测与动态调整同步进行。面对战略执行中碰到的新情况、新问题或新机遇，应及时汇报给企业高层，在不转变企业既定战略方向与定位的前提下，对战略决策或任务的具体计划内容做出微调。在数字化战略监测达到一定深度的条件时，企业甚至可以通过数字化监测得到的战略级BI分析，动态调整企业资源组合的整体设计。

8.2 理论的空白：战略实施之殇

只能很沮丧地说，战略管理理论体系中其实并没有关于"战略如何有效实施、如何高效执行"的理论阐释。

战略管理学术界对"战略执行"的解构通常划分为三类。第一类是具体的战略行为，比如联盟、并购、集团公司重组等。围绕这些战略行为的理论研究更多的是在探讨对特定且具体战略行动的"决策过程"。第二类是回答什么样的组织来执行战略的问题。这部分本质上属于战略管理与组织行为学（OB）的交叉范畴，战略管理学者更多地沿用OB理论来诠释某些战略行为过程中的规律，比如战略领导力、高管团队等，相当于是OB理论的应用，而非真正意义上战略管理的理论。第三类涉及具体某些职能部门的战略执行，比如营销战略、供应链战略等。这些内容往往"交给"相关具体学科的学者，比如营销学者、供应链学者等，从各自的理论范畴来解决，相当于是给其他学科"布置作业"（还是无法检查作业的那种）。

而在现实中，人们对战略的实施就重视得多了。经过长期的实践沉淀，部分优秀咨询公司和大企业逐步总结出一些有效的战略执行方法论，有的战略管理著作或教材也将其作为理论的一部分。比较流行的有两个：平衡计分卡与战略解码。平衡计分卡源自IBM咨询，在长期服务全球500强企业战略管理的实践中，美国战略咨询公司逐步提炼出一个以"流程""成本""客户""学习"为主要维度来评价企业战略执行与竞争力情况的分析工具。平衡计分卡可以贯穿战略规划（事前）、战略执行（事中）和战略评估（事后），并能从四个不同的维度来协调企业各个部门、各项战略任务与关键人员的工作。所以，人们也将平衡计分卡等同于"战略地图"，因为一张"图"就可以反映企业战略执行"到哪了"。

我国不少大型企业也采用平衡计分卡来管控战略的执行。但是，平衡计分卡的模型忽略了外部环境要素，而刚好我国企业所嵌入的行业环境和市场环境在过去30年是持续高度动态变化的。这就使得平衡计分卡在跟踪和循环分析我国企业的战略实施效果上并不如他国企业。后来，华为等一批优秀的国内企业立足于自身的战略实践，在学习消化西方的工具方法基础上，整理出了BLM—战略解码的一整套战略实施的管理体系。然而，这套战略解码体系的效果也是时好时坏。究其原因，并不是这套管理方法不好，而是这套方法严重依赖一个成熟、完备的企业组织体系与管理制度。BLM和战略解码强调将战略方向与目标系统化分解到各个部门和人员头上，并分析制定出一整套完善的战略行动计划，同时配合以细致的战略执行跟踪与监测体系。这导致具体的生产运营部门除了要日产生产运营以外，还需要耗费相当的工作量来配合战略评估工作。另外，企业各职能管理部门，如财务部等，则需要承担比较大的战略监测和管控职责。这就需要相应的职能管理人员"懂业务"，不然就容易出现"外行领导内行"的问题。

但是，上述问题对于数字化企业而言似乎都是可以克服的。数字化企业可以整合战略地图与战略解码的基本管理意图，构造更便捷的战略过程监测体系，甚至还可以发挥数据洞察的精准、动态与挖掘优势，实现战略执行的价值蜕变。

8.3 数字化战略过程监测与评价体系

8.3.1 揭示企业战略执行与既定决策之间的偏差

设计架构一套数字化的战略过程监测与评价体系，要有"治大国如烹小鲜"的心态，大处着眼，小处落笔，切忌大动干戈。总的来讲，监测手段与过程越不引人注意越好。但是，需要明确监测与评价回答以下几个基本问题：

第一，战略执行是否遵照既定战略规划的战略举措？是否完成了既定战略举措并达到既定战略目标？企业需要将战略执行的具体措施与进展同战略决策或规划中的战略举措、战略任务进行对比。需要逐个辨析和确认具体执行的战略行动是否及在多大程度上属于既定战略任务的范畴（可能是战略规划中所说战略任务的某一个具体部分）；需要判断各项战略举措是否按照既定战略规划的步骤、顺序和时间点执行（有时候先后顺序不一，效果都会打折扣）；还需要确认执行的效果是否达到预期，行动的效果是否及在多大程度上达到了（特定）战略目标。

第二，战略执行的效果是否如预期那样实现了企业的既定战略定位，并建立竞争优势？战略实施所整合强化的资源在价值链上的布局是否达到既定战略的预想？单纯的"是否按计划执行"并不是数字化企业战略过程监测的重点。企业战略过程监测与评价的根本性目标在于分析和监测企业所实施的战略举措是否及在多大程度上推进了战略定位的确立和巩固，以及是否及在多大程度上强化了其所瞄准的竞争优势。更进一步而言，对这套监测体系获取的数据进行深度分析，还需要反映当前企业战略实施所整合或强化的资源能力在价值链的布局上是否是按照企业既定战略预想推进的，或是有所偏差？

需要注意的是，偏差并不意味着执行出了错误。有时候，偏差可以为战略决策者带来更多的启发、证据支撑，有助于战略决策者进一步修正和调整战略任务的总体安排，甚至调整战略目标。

8.3.2　监测与评价企业各种资源对战略绩效的贡献

在监测战略执行完成既定战略任务目标的基础上，战略监测的更深层次目标在于动态分析不同资源对战略绩效的贡献程度。这是经典战略管理无法做到的分析工作。虽然经典战略管理理论自1959年以来一直强调内部资源是企业实现各种战略目标、建立优势的基础，并且学术界也承认一个企业一定存在有若干关键的资源以支撑其建立优势，但围绕该关键资源的界定与描述却是模糊的。经典战略管理理论更多的是提供了"基于关键资源如何建立优势"的理论诠释，而对于"特定企业如何明确其关键资源"这个问题则语焉不详。随着数字经济浪潮下产业环境日益复杂化，企业配置关键资源的动态性不仅仅体现在编排的方式或结构上，更体现在对关键资源的动态识别与聚焦上。传统的内部环境分析可以回答这个问题，但其分析伴随着长周期性、笼统性和静态性，对于企业战略执行过程中的动态监测与调整并无太多助益。

数字化企业依托数字化系统所构建的自我洞察能力，在这个问题上恰好能给出比较好的解决之法。采用诸如机器学习等数字化、智能化分析工具，企业可以精细刻画与分析企业具体针对不同产品、不同客户、不同细分市场绩效的资源贡献程度。即便是同一个企业组织，其在生产不同款型的产品时，不同资源对各款型产品利润率的贡献程度都存在较大差异。这种差异首先取决于不同产品在特定时期下的市场受欢迎程度，也取决于企业生产过程中的成本与效率，还取决于组织特定管理模式是否能按照供应链上下游的特点配置资源的能效。

相较于传统资源分析方法与工具，企业利用数字技术与数据挖掘算法来分析资源对战略绩效的具体贡献，本质上是更好地践行经典的资源基础观理论，将企业对资源的分析与识别推向精细化与动态化。此外，数字化的资源贡献性监测还可以通过软件系统实现自动化，以确保持续循环迭代，真正做到跟踪企业战略执行的情况，动态评估企业关键资源组合的变化。

8.3.3　企业资源圈层与资源组合评估

有贡献性分析评估，也就有了关键性资源的排序。这是让计算机系统告诉战略管理者"你的公司什么资源最重要"。经典的战略管理理论也注重对企业关键资源的客观分析，但是这种对关键资源的确认，仍然存在两种逻辑偏误。

一是通过对标比较，反映各种资源的"纸面"强弱。要分析一个企业的哪些资源强，直观的方法是找个标杆企业进行对比。然而，这种方法只能对比"纸面"指标的强弱。比如，有的企业销售团队规模大，每年广告投入和品牌曝光度都比标杆企业高，但是可以由此得出这家企业的品牌营销资源（或能力）就一定是企业战略业绩（利润、市场份额或估值等）的关键支撑吗？这恐怕很难说清楚。

二是简单将自身客观数据进行罗列和排序。有的企业"不跟别人比"，但是它们"自己跟自己比"。企业（家）常常把它们在价值链各个环节上的投入、各项资源的规模实力列出来，然后找最强的。这样找到的往往是"我们过去几年持续投入和强化的资源是什么"。但是，投入大就一定有效果吗？更不要说有时候这样的论证还带有高管的认知偏差。

事实上，传统企业对自己关键资源的认识也并不是完全不对。当你问一个企业家，他自己公司最关键的资源是什么，他一般都能答得上来，而且比较准确。但是，如果你再进一步问一些更深入的问题，比如"这项资源是不是对你们所有款型的产品或所有的业务绩效的贡献都是同等大""除了这（几）项资源，其他资源的意义在哪里，以及是不是可以剥离"，传统战略管理者就往往回答不上来了，因为这些问题涉及资源重要性程度的精细化挖掘与洞察的范畴了。

通过机器学习对全价值链资源能力的动态精细化挖掘分析，可以在战略管理者们依靠经验判断的模糊认知之下，更加精准地厘清对企业绩效存在真正重要贡献的资源，从而避免因为各种认知差异或信息不对称而导致的战略误判或资源错配。

自然地，企业各类资源对于不同款型产品的贡献程度有着显著的差异，这也表明企业内部资源可以按照其对绩效的贡献程度而分层级。对于任意一家企业而言，内部资源对于企业绩效的贡献存在"圈层"式的结构：一定有少数几个资源对绩效的贡献程度最高，居于资源圈层的核心（称为"核心圈层"）；也有部分资源对绩效的贡献程度适中，居于核心圈层之外（称为"中间圈层"）；还有一些资源对绩效的贡献微乎其微，居于最边缘的层次（称为"边缘圈层"），如图8-1所示。每个企业的资源圈层结构可能都是独有的，应用数据挖掘等方法则有助于敏捷地发现企业在特定时期的资源圈层结构。

经典理论强调，企业建立异质性优势的内在基础是侧重扩张、整合与运用关键性资源。另外，资源圈层结构也是企业战略惯性的一种必然表征。企业早期经营活动所需要整合与编排的资源锻造了企业经营的能力或竞争力，同时也为企业后续的战略行为奠定了资源基础。随着时间延长，企业在战略决策、组织模式上都会形成某种惯性（或惰性），纵向依赖过去编排资源建立优势的某种"路径"来应对全新的战略问题。久而久之，企业会习惯性地着重依靠某些资源来实现其战略绩效，而这些资源自然也就突出地表现为对绩效的贡献程度很高。哪怕是同行业的不同企业，也会因为资源禀赋、组织惯性、商业模式、行业特征、制度环境等多种因素，导致企业侧重依赖某些具体资源。从某种意义上说，资源圈层还反映了企业经营过程中融入组织"血液"中、渗透到管理"毛细血管"中的习惯或方法。所以，资源圈层是企业内部资源的一种"自然"结构，其在企业家或高管的总体性认知基础上还会呈现出更多细节信息，从而能更好地辅助动态战略过程管理。

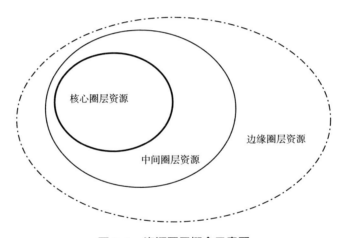

图8-1　资源圈层概念示意图

资源圈层分析不仅客观揭示了对于企业而言哪些是其关键资源，而且也为企业审视其资源组合与配置的战略布局提供了辅助性工具。

企业不可能只保留那些对绩效直接贡献程度最高的资源，而放弃其他直接贡献微小的资源。企业需要从生产运营体系、组织模式、制度环境压力等多个方面考虑，有机整合相当一部分对绩效贡献并不突出的资源。而这些资源也并非毫无价值。企业在配置和发挥关键资源的价值时，往往需要非核心圈层的资源作为整合的纽带或桥梁，这样才能发挥资源整合后的最大价值。

8.4　依照过程检测动态调整战略实施

8.4.1　战略目标与任务的调整

依照数字化的战略检测，企业战略执行的动态调整可以做到高度敏捷。基于检测与评价结果，企业战略管理者需要首先从三个方面进行战略审视与调整。

第一，是否以及在多大程度上调整既定战略定位？可以假定，最初战略决策时，战略决策者往往有一定的理想化思维，而随着战略执行的逐步深入，理想必然照进现实。因此，参考战略检测的反馈结果，战略决策者有必要对最初的战略定位进行重新审视。优秀的战略决策者不会试错，而是本着"试对"的原则反思自己过去的定位选择。所谓"试错"思维，是指当战略执行遭遇到困境、挫败时，战略决策者就认为"过去的定位错了"，从而陷入不断改变定位的战略困局中。而所谓"试对"思维，是指当面对战略检测反馈结果不如预期时，需要在"偏误中找对的"，需要思考过去战略定位中哪些部分是企业家偏执地要坚守的初心，哪些是企业文化根基的内核，哪些是在行业场景、过去的商业模式、管理模式基础上的"惯性思维"，哪些是不了解实际情况下的"一厢情愿"。对于企业家创业的初心、企业文化的根基或"基因"，即便面对挫败，也不应该随意改动；而对于前期战略定位中源自对市场、行业、环境的某种成见，应该针对战略检测的反馈而做出适当的调整。

第二，是否以及在多大程度上调整战略目标？战略目标是战略方向与定位的现实化体现，更是考核和激励战略管理团队的重要依据。当战略检测反馈与既定战略目标发生重大偏差时，或者当战略检测反馈致使战略决策者对战略定位做出调整时，必然需要相应调整战略目标。战略目标的调整需要谨慎。原则上，在一个会计年度内，不要频繁调整目标，以免挫败企业组织的士气（大家会觉得目标设得太随意，于是就不重视了）。战略目标调整的幅度、指标增减的程度都要既遵循战略定位的要求，又不打击战略管理团队的积极性。

第三，是否以及在多大程度上调整战略举措？在战略检测反馈给战略管理者后，最常见的情况是调整战略举措。无论战略定位、战略目标是否调整，战略检测反馈都会作为战略管理者调整后续战略任务、战略行为甚至战略部门人员的数据依据。根据战略检测反馈，战略管理者需要动态调整战略任务计划，优化战略举措实施的顺序，调整关键战略支撑部门的人员配置。从本质上说，战略检测反馈对于战略管理者而言，就是其动态整合企业资源的重要参考。

8.4.2 动态资源编排

资源编排理论侧重揭示企业构建核心能力与异质性优势的资源组合过程，强调不同类型资源之间整合的结构性优势与效率是相同资源类型的企业之间建立不同竞争优势与核心能力的原因。但很多人都忽略了编排的前提是企业针对特定战略目标对关键资源有清晰且细致的认知。基于传统内部资源能力分析的方法与工具，企业家信息不对称、过度自信与注意力聚焦必然导致企业对于"什么是需要编排的关键资源"这一资源编排的前提的认知变得模糊，甚至与现实背道而驰。

数字化企业不仅有传统意义上的资源，还有大量的数据知识资源，这就使得资源编排变得更加多变。比如，企业的大数据等数字化技术和能力有助于提高企业业务与创新知识整合的效率，提升组织向外部吸收学习知识并发现商机的能力。另外，数据资源与其他资源融合也有助于企业进行商业模式创新和产品技术创新，甚至提升企业资产配置的能效，提高企业经营利润。数字化资源还能更好地融通高管团队内部，打通不同高管的专业认知与经验判断，使企业资源编排的效率更高。企业数字化转型的过程"化"的知识，尤其对企业过去生产经营中的隐性知识进行了系统流程化和数据可视化，从而使企业在过去某一个行业场景中的经营经验知识有机会迁移到其他行业场景中，创造更大的价值。

上述数字化企业资源编排的好处都建立在战略过程中对战略执行数字

化检测的基础上。尤其是基于资源圈层分析，企业动态资源编排就变得更有操作性。战略管理者基于数据挖掘等分析方法，可以不断挖掘分析企业内部资源圈层这一"自然"特征，根据资源圈层设计资源编排体系并执行该体系，在得到了数据检测反馈以后，还可以根据战略转变或数据反馈，及时动态调整资源编排（见图8-2）。资源编排的结构（structuring）、纽带（bonding）和杠杆（leveraging）等维度的设计或决策需要立足于具体的企业资源圈层来开展。有效的资源编排可能不只是针对少数的关键资源。只聚焦于核心圈层资源的资源编排，虽然效果在短期可能更容易显现，但跨越资源圈层的资源编排则需要更加谨慎地思考有效编排的一应管理模式与措施，其效果可能更久。另外，资源圈层也为资源编排理论提供了可以细致到运营流程、组织架构、人员安排等多个维度的分析或判断依据，从而可拓展资源编排理论应用的范围与深度。

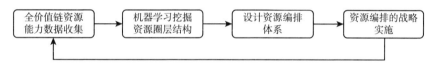

图8-2　数据驱动下的战略跟踪分析与战略反馈控制方式

另外，在资源编排中起到纽带作用（bonding）的资源可能并非居于核心圈层，而是处于中间圈层甚至边缘圈层。因此，决策者在设计资源编排体系时，要考虑是否能够全面且充分、细致地利用那些处于非核心圈层但具有纽带作用的资源，并采取一种既不需要过度投入（投入太大不经济），又能有效地使其发挥价值的整合管理方式，以放大（leveraging）企业资源组合的价值，甚至推动资源整合，提升核心圈层资源的规模。

企业战略转变总是以战略定位的转变调整为表征。若企业战略定位发生某种方式的动态转变，那么资源编排体系必然相应地调整转变。这个时候，数字化企业还可以针对新的定位范围，进行一定程度的"战略数据孪生"，即预先分析针对新定位下企业可能的资源圈层。通过这一前瞻性分析，企业便能在两个不同阶段的资源圈层之间进行细致的对比，从而自然而然地、合理地预先设计出适应新战略定位的资源编排体系。

在对比新旧资源圈层时，往往会发现原有核心圈层资源发生了"大换血"。否则，这一战略定位的调整幅度可能难以达到预期的效果和深度。这就面临两种情况：一是新晋核心资源往往是原资源圈层的中间圈层甚至边缘圈层资源（企业资源配置与投入要进行调整）；二是原有企业大力投入的核心资源被边缘化。

随着战略定位的转变，企业资源编排体系需要针对资源圈层的变化而进行相应调整。企业需要针对新的战略定位或目标，重新分析和挖掘现有资源针对新战略绩效的贡献程度以及相应的资源圈层结构；之后，企业要考虑全新资源圈层结构下的资源编排体系，包括如何构建新核心圈层资源整合与协同的结构，聚焦新的纽带资源或者方式，并设计新的资源效益放大模式。在这个动态编排的过程中，原核心圈层的资源很可能减少或增多，因而引发围绕核心圈层资源整合的结构相应变化。进而，中间圈层或边缘圈层中链接和协调核心资源发挥价值的纽带资源可能需要重新搜寻并确定。最后，企业需要根据核心资源与纽带资源的整体组合，设计搭建释放资源价值的全新机制。图8-3展示了将上述过程整理为企业动态资源编排的过程机理。

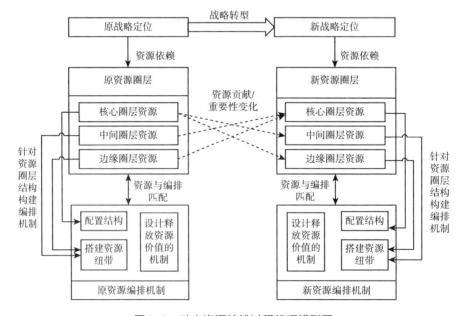

图8-3　动态资源编排过程机理模型图

这一动态资源编排的过程机理展现了资源整合的"扬弃"规律：保留并进一步强化原有的部分核心圈层资源，弱化或剥离原有的部分核心圈层资源，同时加强和整合某些原有的非核心圈层资源（甚至是边缘圈层资源）；为了有效编排新的资源圈层，企业需要在原有编排体系的基础上调整和重组形成新的资源编排。对于一个企业而言，要精准地控制这一"扬弃"的过程是困难的，甚至是不太可行的。因为在传统战略管理模式、方法与工具条件下，即便理论上成立的资源动态编排过程也会因为组织跨层次间的信息障碍、战略决策者过度自信或认知偏误以及组织惯性等诸多因素而难以实现。但是，基于企业全数据架构的机器学习则能克服上述困难，实现实时、精准和客观的资源圈层分析挖掘。这就为动态资源编排的一应决策提供了信息基础。采用诸如机器学习等分析方法，可以挖掘分析资源圈层，有效帮助企业顺利地完成战略转变所必需的动态资源编排，并促使企业实现跨越式增长。这在一定程度上说明了机器学习等数字化、智能化技术手段在战略管理中的意义与价值。

【示例】A公司战略过程监测与战略级BI实验

1.数据来源

在制定了A公司的发展战略与各部门战略目标之后，我们集合MES系统的数据基础框架，围绕各部门人员的具体目标，设计了各部门与岗位的绩效考核体系。由于有MES系统作为数据来源，我们设计了KPI+OKR的综合性绩效考核指标体系。A公司数字化整体架构如图4-8所示。A公司与MES软件公司合作的联合团队可以每个月从软件的底层基础数据中获取对应到每个产品款型的各部门、各岗位的绩效数据。我们将这些绩效数据作为反映企业全价值链运营情况的运营大数据基础，以构建针对分析A公司产品利润贡献程度的动态大数据分析框架。最终，我们收集到A公司原产品组合的有效样本共996个，其中进行战略聚焦后的新产品组合样本507个。

在基于制造业的传统价值链观点中，价值链包括由原材料到最终产品的转换过程中所产生的一系列连续活动。而新价值链观点把价值链看作是一系列群体共同工作的工艺过程，以某种方式不断创新，为顾客创造价值。本书用运营大数据来反映企业全价值链各资源的能效（见表8-1），将各指标名称作为标签，选取不同指标作为解释变量，输入模型进行训练，并将每个月各款型产品实际毛利润率（只计算产品销售收入减去采购成本与生产成本得到的毛利润）作为输出变量。

表8-1　　　　　　　　　A公司建模指标体系

指标类别	指标名称	指标内涵或计算公式
采购	物料采购及时率	1−（物料晚于投产到货批次/采购总批次）×100%
	采购价格波动率	同一供应商或同一类（款）物料不同批次采购平均单价之差
	供应商回访	对供应商进行回访的频率
	数字化程度	绩效考核指标中定量指标的占比
生产	产品良品率	1−（不合格产品数量/产品产量）×100%
	生产订单完成率	1−（出错生产订单数量/总生产订单数）×100%
	产品入库及时率	成品仓入库订单数/已完成生产订单数×100%
	订单准时完成率	1−（实际完成时间晚于计划完成时间的生产订单数量/总生产订单数量）×100%
	车间人员定期组织开会	定期组织车间人员开会
	生产过程问题收集及解决方案的汇报和结果	及时收集及解决生产过程产生的问题并进行汇报和反馈结果
	对生产人员进行技能培训	根据生产标准，及时对生产人员进行技能培训
	数字化程度	绩效考核指标中定量指标的占比
销售	跟单及时率	（产品按订单准时完成交付数/订单数量）×100%
	销售发货额	计算产品的总销售发货额
	销售转化率	（客户下单数量/联系客户的回数）×100%
	客户台账完备情况	新老客户台账齐全、完备情况
	客户关系维护	客户关系维护情况
	数字化程度	绩效考核指标中定量指标的占比

续表

指标类别	指标名称	指标内涵或计算公式
仓管	材料仓库存周转率	各类（款）主要材料库存的周转率
	成品仓库存周转率	各类（款）主要成品库存的周转率
	及时备料	根据生产订单及时准备所需材料
	材料呆滞库存处理	报废、滞留来料处理
	发料准确性与及时性	根据生产订单，正确、及时地将材料发给生产部
	成品呆滞库存处理	报废、滞留成品处理
	发货准确性	客户退货中发错货的产品
	材料仓库数字化程度	绩效考核指标中定量指标的占比
	成品仓库数字化程度	绩效考核指标中定量指标的占比
人事行政	OKR总分	根据工作表现对人事行政打总分
	数字化程度	绩效考核指标中定量指标的占比
财务	OKR总分	根据工作表现对财务打总分
	数字化程度	绩效考核指标中定量指标的占比

2.实验设计

我们与为A公司提供MES系统的软件公司合作，组成数字化赋能联合团队。在实验初期，根据A公司以往的生产运营数据，我们对A公司进行了初步的战略诊断与分析。虽然A公司是一家中小型企业，但其内部仍有一个复杂的管理系统。A公司在工艺测试能力和采购价格上有一定的优势，但在生产效率和销售管理上存在较大问题。此外，A公司的产销适配度较低，销售订单所涉及的产品类型远远超过了其擅长生产的类型，这也凸显出了A公司薄弱的采购能力，缺乏对供应商的主动管理。在进行战略诊断之后，A公司的管理层有了清晰的战略目标。但由于战略执行所涉及的流程和资源纷繁复杂，如若无法理清各资源的重要程度和相互关系，企业家仍无法高效地进行资源编排，因而无法及时解决企业所面临的问题。

由于企业的运营体系是一个复杂系统，过去传统战略管理理论研究中普遍采用的线性或非线性回归都难以真实反映某一独特企业内部不同资源之间的关系。因此，我们考虑采用机器学习的方法刻画和训练模型，找到A

公司原产品组合的资源编排。

有效的价值链管理有助于企业明确自身在竞争中的市场定位，企业应该通过跨企业的协同合作来提高或创造客户对产品或服务感知价值。此外，加强与业务伙伴的联系有助于企业降低成本，提高产品质量。产品的生命周期管理有助于价值链中各项活动能够更有效、一致地运作。对于产品线的设计，大多数决策都是从营销角度来考虑的，而忽视了产品线设计对生产运营的影响。随着产品线的不断扩大，产品之间交互的重要性和复杂程度也在不断上升。在战略诊断之后，我们为A公司制定了企业发展战略，明确了A公司的战略转型方向与目标。此外，在构建了A公司运营大数据框架之后，我们以月为单位，不断迭代A公司运营大数据，以数据挖掘其真实的资源编排组合。对于A公司而言，跟随市场动态变化的过程中逐渐收缩产品线，聚焦销售采购订单量大、销售额高的产品才有助于企业集中精力，有针对性地提升供应链运转效率，尤其提升仓库周转率，从而实现利润增长。在这样的基本战略方向下，我们制定了A公司未来3~5年的发展目标，并将该目标分解到A公司的几个关键部门，包括采购部、生产部、销售部以及仓管部。进一步地，为了给A公司提供动态且具体的战略转型指导，我们立足现有产品的销售情况，为A公司指出下一步需要聚焦的产品组合定位，然后用机器学习挖掘新产品组合中的资源编排。

3.实验结果

XGBoost的基础学习器可以是线性模型，也可以是树模型。笔者选用树模型进行模型的训练与测试。XGBoost树模型由多棵回归树组成，并将多棵决策树的预测值累计相加，作为最终的结果。在模型的选择上，我们采用以均方差（即MSE）损失函数为最小化的目标函数XGBoost模型，检验其预测能力。此外，我们用Stata的多元线性回归模型作为对比模型，对比其与XGBoost模型的拟合效果。为了确保模型有较好的泛化能力，我们对数据集样本进行随机等比例划分，将80%的样本数据作为训练集用于建模，其余20%的样本数据用于测试。对于XGboost模型，模型的运算主要依赖以下重

要超参数——决策树深度（max epth）、学习率（learning ate）、学习器数量（n stimators）；在训练模型时，使用结合交叉验证的网格搜索方法和随机搜索方法选择调节超参数的值。

首先，我们将收集到的原产品组合样本纳入数据集，采用XGBoost模型对随机等比例划分的训练集进行拟合，并对测试集进行预测，比较预测值和真实值之间的差距（见图8-4）。同时，采用均方误差（MSE）和平均绝对误差（MAE）来分别衡量其准确性（见表8-2）。

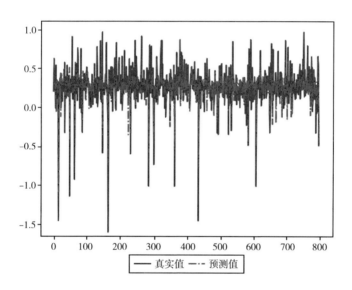

图8-4　原产品组合样本预测值和真实值之间的差距

表8-2　　　　　　　　　　原产品组合机器学习预测误差

样本	原产品组合	
	训练集	测试集
MSE	0.03	0.03
MAE	0.12	0.15

其次，针对新产品组合的既有业绩情况，我们再次使用XGBoost模型对随机等比例划分的训练集进行拟合，并对测试集进行预测，比较预测值和真实值之间的差距（见图8-5），并采用均方误差（MSE）和平均绝对误差

（MAE）来分别衡量其准确性（见表8-3）。同时，挖掘在企业聚焦定位产品组合后，各项资源对产品毛利润率的贡献程度。

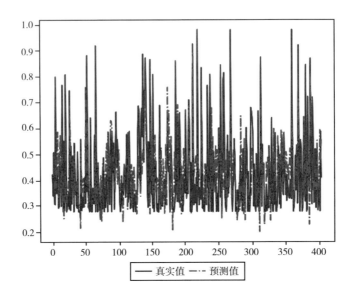

图8-5 新产品组合样本预测值和真实值之间的差距

表8-3 新产品组合机器学习预测误差

样本	新产品组合	
	训练集	测试集
MSE	0.02	0.03
MAE	0.09	0.14

为了比较XGBoost模型的准确性，我们将其与Stata的多元线性回归模型进行了比较，各模型的输入指标一致。表8-4显示了不同模型上的精度。XGBoost模型在原产品组合数据集上的R^2为0.56，在新产品组合数据集上的R^2为0.36；而Stata的多元线性回归模型在原产品组合数据集上的R^2为0.051，在新产品组合数据集上的R^2为0.017，远远低于XGBoost模型。结果表明，与Stata的多元线性回归模型相比，XGBoost模型的拟合度更高，因此采用该模型作为预测模型更为科学合理。

表8-4   不同方法的拟合程度

模型	R^2	
	原产品组合	新产品组合
XGBoost	0.56	0.36
多元线性回归	0.051	0.017

　　基于已经训练完成的XGBoost模型，可以分别得到各指标在原产品组合和新产品组合上的贡献程度，其从高到低排序如表8-5所示。结果表明，对于原产品组合而言，供应商回访、跟单及时率、材料仓库存周转率、发货金额和材料呆滞库存处理是贡献值排名前五的指标；而对于新产品组合而言，供应商回访、订单准时完成率、生产数量、发货金额、成品仓库存周转率是贡献值排名前五的指标。同时，无论是对原产品组合，还是对新产品组合而言，供应商回访的贡献值都是最高的。

表8-5   XGBoost模型中各指标的贡献程度

指标排序	原产品定位		新产品定位	
1	供应商回访	0.1195	供应商回访	0.1887
2	跟单及时率	0.1154	订单准时完成率	0.1359
3	材料仓库存周转率	0.1109	生产数量	0.1344
4	发货金额	0.1093	发货金额	0.1332
5	材料呆滞库存处理	0.1073	成品仓库存周转率	0.1322
6	及时备料	0.0916	良品率	0.1142
7	成品仓库存周转率	0.0788	生产订单完成率	0.0826
8	订单准时完成率	0.075	材料仓库存周转率	0.0787
9	生产数量	0.0747		
10	良品率	0.0601		
11	生产订单完成率	0.0573		

　　我们的分析是逐月迭代的，每次都会通过机器学习拟合出一组各资源对产品毛利润的影响系数，即贡献程度。而通过数月的对比整理，我们发现，无论产品款型如何变化，总有几项资源对毛利润率的贡献程度维持在

0.1以上，而其他还有更多的资源对产品毛利润率的贡献程度在0~0.1之间浮动。由此，我们就可以推断出大约有三类关键资源是主导A公司产品利润的关键资源组合。

　　基于XGBoost模型的分析结果，我们为A公司提出了资源动态编排的一系列管理指导意见。在运营大数据机器学习驱动下的战略跟踪分析与战略反馈控制方式（见图8-2），推动A公司在不到两年的时间里实现了跨越式增长。2022年，A公司实现营收近5000万元，（以两年计）年均增长37%，成品库存周转率提升80%，原材料库存周转率提升100%，员工单位生产成本提升25%。各项管理提升效果可以媲美2023年入选全球"灯塔工厂"的中国工厂，具体改善情况如第4章中的表4-1所示。

第9章
企业数字化过程中的组织学习

9.1　战略变革的落脚点是组织变革

数字化企业的战略管理过程是一个多维度、高度动态性的管理体系。从某种意义上说，动态战略管理过程就意味着企业的战略变革随时都可能发起。也就是说，数字化企业不能固守某一个战略，而是时刻准备调整战略，时刻准备切换备选战略预案，甚至是重新制定全新的战略决策或行动计划等。

一方面，由于外部环境复杂多变，企业需要进行动态战略管理。本书不断强调，数字经济最广泛而深刻的影响是推动了产业融合，导致各产业链纵向结构动态重组。环境变化则导致企业可能做出从战略定位到核心竞争力组合，再到具体战略执行方案等各个层面上战略决策与规划的变革调整。

另一方面，数字化企业随着自身核心竞争力组合的动态演化与升级，可以逐渐强化或拓展其竞争优势范围，进而促使企业改变战略。例如，卓远VR先是做VR游戏设备制造销售，而后拓展到VR游戏或文旅内容创意。企业的关键资源越多，可以构建核心竞争力的组合也越多，可针对不同的细分市场场景，进而形成不同的战略定位、商业模式以及关键资源组合。

由此，企业就可以根据自身核心竞争力来动态选择能更好地建立优势、获取利润的场景市场，并动态调整其战略部署。

但无论上述战略变革源自哪种根源，它们都共同导向一个结论：在数字经济时代，数字企业的战略并不是静态的或一成不变的，而是处于常态化调整变革状态的。唯有动态的战略，才能应对不确定性；唯有那些科学合理的动态战略，才能确保企业强化自身内在的确定性与核心专长。因此，数字化企业的战略管理或许并非一套单纯追求执行落地的管理体系，而是一套柔性化设计、调整和变革战略管理体系的体系。这有点像互联网公司的中台体系，中台的目的是实现一套相对固定的系统后台，针对不同业务、市场、场景的具体化需求而柔性化构造不同的业务模式、服务流程、产品组合等。

但是，这样复杂的战略变革一定会涉及资源整合、商业模式变革，并最终传导和影响组织模式改变。战略变革无论多么复杂和多变，最终资源组合的调整以及商业模式的创新都不是其能否成功的制约条件。而最大的制约条件在于原有的组织架构、组织模式甚至是团队结构无法执行新战略的思路和意图。因而，数字化企业可能比传统企业更加注重对组织和人员的培训，因为企业全体组织成员需要不断学习和应对全新的技术、场景、战略定位与目标，以及相应的业务流程、产品服务模式等。

笔者接触过一家医药行业的大数据市场咨询公司。在五年间，该公司至少更换过（或是探索过更换）三种商业模式，其组织架构则几乎每年都在变化。不变的是其医药行业场景、咨询产业链环节，变化的却是其在医药产业链上下游的延伸拓展。随着战略的延伸，笔者几乎每年都会收到来自这家公司的一些"奇奇怪怪"的问题，如"区块链是什么""元宇宙和数字人民币什么关系"等，让人感叹于他们都这么忙了，还在保持如此敏锐的信息搜寻与学习状态。其实，这就是数字化企业组织的常态："求知若渴，虚怀若愚"。

因为，惟有组织有序且有效变革，才能最终实现战略上的任何变革构想。

9.2 数字化：企业组织进化的无尽前沿

数字化企业的组织变革有别于传统企业。有了数据化的自我洞察能力，组织变革是内驱的、主动的、升维的。这一点有别于大多数传统企业组织变革的环境驱动和上级"拖动"（即"拖着大家走"）。

另外，数字化企业的组织变革可能是长期的。从传统上来说，企业的组织变革总是要有设计方案，有清晰计划、目标甚至标杆。但是，对于数字化企业而言，"变"是确定的，"变成什么"却没有明确的答案。至少，未来30年数字化企业都不能说自己完成数字化了。这是因为数字技术本身还处于技术"井喷"的发展阶段，新一代信息通信与计算机技术还在不断涌现，通信、算法、网络、数据存储、数字技术、数据科学及其应用等关联学科还处于一个高速创新的时期。曾有工业数字化专家说过，数字化转型还有30年。这里所说的"30年"主要是指技术探索发展还需要30年才能基本走向技术饱和与成熟。也就是说，未来30年里，各行业企业都必将面临高度动态的数字技术创新迭代和颠覆。技术不走向稳态，数字化转型也不会有结束的那一天。

可见，数字化企业的组织变革更像一种"没有终点的奔跑"。不跑不行。如果不跑，战略上的动态调整就毫无意义。如果跑，又很折腾。所以，数字化企业在考虑组织变革时不能有"何时结束"的思维；相反，需要习惯于"在路上"的不断学习迭代和动态改变的状态。

简单地说，数字化企业的组织变革没有"终点"状态，变革本身就是其所需要达成的状态！

9.3 数字化企业的组织学习飞轮

数字化企业围绕市场场景、新技术涌现、产业结构演变等问题，需要持续转型与进行组织变革。既然对于数字化企业而言，组织变革是组织常态化的状态，那么数字化企业组织就必须锻造出一套自行推动运转的组织体系。

这又与大多数企业发起组织变革有所不同。从传统上来说，组织变革往往都是从外部空降人才开始的。但是，许多企业也在外部空降职业经理人这件事上付出了惨痛的代价。其根本的问题在于：招人之前，整个公司的组织制度和文化是否先整顿好了？

永远不要过分相信所谓的个人专业素养。当制度机制合适时，不专业的人过不了多久也可能变得很专业；而当制度机制不合适时，专业水平再高的人也最终可能会变得不专业。所以，人才能否创造价值，全靠组织机制设计。同理，变革的常态化也不能依靠个别人才或高管的"人治推动"，而应该设计一套企业组织自我运转的机制。

在本书中，笔者根据自己辅导中小企业数字化转型战略的心得，整理出了一个"组织学习飞轮"模型，作为数字化企业组织变革的一种常态化机制的基本结构。

这个"飞轮"里面有五步（见图9-1）。

第一步，赋能。虽然在这一步骤里，"别人的"东西并不能给企业带来核心竞争力，但是企业能够通过外部专业机构获得赋能。

第二步，启发——这是企业组织变革的最重要一环。在赋能的基础上，企业的中高层管理者就能受到外部赋能的启发。可能原先你并不觉得数字化企业应该这样运营，结果外部专业的赋能在满足企业需求的基础上，还顺带让你意识到：原来数字化企业还可以干这个啊！

第三步，搜寻与学习。受到启发以后，企业就开始了主动搜寻与学习。被启发之后，企业家或战略决策者往往会围绕自己的构思或变革的方向、方案，逐步形成自己的构思。在这个步骤里，企业整个管理层自然也可以有组织地搜寻和学习相关知识。这个搜寻与学习的步骤可能反复多次，因为企业家或战略决策者并不能确定自己一开始的"奇思妙想"是否具有可行性。

第四步，组织变革与创新。学得差不多了，就要上手实践。这就是启动组织的变革、创新。这一步骤相对简单，按照学习到的新理念、新知识，调整、变革企业现有的组织架构、组织分工、组织模式或机制，甚至变革企业文化。

第五步，整合新生态。实施组织变革的过程中必然不能闭门造车，企业需要整合更多的外部相关方，重新建立对外的沟通机制，获取一些过去没有的资源。随着组织的变革，企业所组建的生态也会相应发生改变，久而久之，就构建起新的商业生态了。

而当数字化企业有了新的整合或者生态伙伴时，又可能获得外部新的赋能。于是，一个新的赋能—启发—搜寻与学习—组织变革与创新—整合新生态的学习循环又准备开启了。

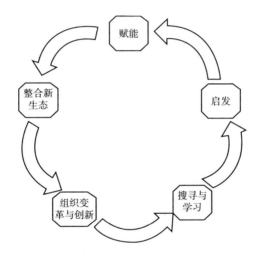

图9-1 数字化转型中企业的"五步学习飞轮"

9.3.1 外部赋能

外部赋能指的是企业通过包括联盟合作、并购整合或者委托咨询等多种方式，从外部获得某种资源、能力、技术的帮助，且这些外部资源或能力用于提升企业数字化的生产运营或管理能效。

在许多情况下，企业获得赋能都有某种偶然性。同时，数字化企业获得的赋能有时候具有很高的风险性，因为一旦外部赋能的效果不佳，那么对于数字化企业的运营管理体系、资源配置模式等来说，就存在系统性的风险。这就是为什么许多企业在最初开始数字化的时候会采取类似"小步快跑，试错迭代"的策略，以避免整个企业都陷入危机。而真正能帮助企业摆脱系统性风险，释放外部赋能的价值的，主要有两个方面。

第一，清楚界定引入外部赋能所要解决的问题。就如同许多传统企业引入外部咨询团队一样。如果甲方（被赋能方）只有一个笼统模糊的概念，连项目验收的指标或特征都没有，那么就不能怪乙方（赋能方）提供的咨询服务或者赋能没有解决问题。而数字化企业有时候对于新技术、新模式不甚了解，这就需要战略管理决策者不断搜寻相关知识，先掌握概念、理论和典型案例等，这将有助于与外部赋能方合作。

第二，要在某个阶段与一定范围内完全相信和吸收赋能方的经验与知识。很多企业不是没有可以赋能的相关方机构，而是它们无法放下自己的"架子"虚心请教和学习。例如，华为当年引入IBM全面升级了管理信息化，这其实是华为开启数字化的重要里程碑。当时，华为的理念是"信任为先，能力为基"。华为开始全球招标，到处寻访"名师"，反复评估之后选择了IBM，之后就"全盘IBM化"，全面学习甚至照搬IBM的模式。在这个过程中，华为也碰到了IBM的模式不太适合中国国情之处，但华为的态度则是"先僵化"，即自己先"僵硬"地照搬IBM的方法。这就像一个人学东西，若老守着之前的东西，那么学任何新东西都慢；而如果当自己成为"一张白纸"，那么学什么东西就都快得多。等学会了，再改进，再创新。在接受外部赋能的阶段，企业家要做到"信任为先，能力为基"。然而，赋能永远都是暂时的，没有哪个外部赋能可以一直陪着你走到底。华为在"僵化"之后，就迅速提升到"优化"，最后将从"老师"那里学到的东西优化以后，又"固化"到自身的流程制度体系中。所以，在接收外部赋能时，切忌当"甩手掌柜"，而是要细致和敏锐地学习、思考，以发现其中可以进一步优化的可能性。

9.3.2 启发思考

在获得外部赋能和"僵化"学习之后，只有迅速走向"优化"，企业才不会被赋能方"制约"。因此，数字化企业的高管们在获得赋能之后，就要不断尝试进行启发性思考，从而找到可"优化"之处。这就是"启发思考"步骤。

很多企业家或战略决策者将这种赋能之后的组织学习推给下面各个部门的中层管理者，最后免不了会错过许多有效的赋能。尤其是数字化企业，其自身已经有了一套系统化的生产运营和管理体系，在获取外部赋能之后，所有可能的启发都必须从企业整体出发来统筹思考。因此，启发思考的倡导者和发起者必须是企业家或战略决策者。他们开启的是战略启发，这是在受到外部赋能以后对企业经营战略、管理模式的整体性、根本性和创造性的思考。只有实现了从0到1的突破，整个组织才能被带动起来。

一个更加现实且深刻的问题是，如果没有战略启发，没有对数字技术或其他新技术关于"这个有什么用"等的价值思考，那么企业应用了新技术，就真的实现战略转型了吗？数字化企业的战略决策者总在追求更优化的数字化系统或模式，对不断蜕变升级的追求也将最终促成决策者不断的思考。

总的来说，战略决策者的启发需要围绕三个方面展开。

第一，围绕企业"隐藏知识"的认识。事实上，数字化系统只能提供数据分析，但对分析结果的解读和判断，则需要依靠有着多年行业经验的企业家和企业高管。外部赋能也是如此，咨询专家、技术专家所提供的赋能中，哪些可以为我所用，这并不能只看作"甲方对乙方服务质量评价"的标准，更要作为企业反躬自省的切入点。有时，外部赋能方发现了一些企业自己多年来并没有关注的特征或规律，而这则是企业挖掘和洞察自己"隐藏知识"的重要机遇。为什么之前这么多年高管们一直对此视而不见呢？为什么这么多年来行业里一直对此司空见惯呢？"习以为常"的并不代表就一定是最合理、最有效的。对企业自身内部资源能力、管理效能的洞察与反思其实就来源于对外部赋能的思考。

第二，围绕自己核心竞争力组合的（新）价值定位的再思考。实际上，外部赋能本身是难以有效强化企业核心竞争力组合的，因为外部赋能方对这一核心竞争力组合未必有清晰深刻的认识。无论是采取合作、合资或外部咨询等方式，企业如何强化自己某方面的能力，如何构建核心竞争力组合，是需要在外部赋能的启发之下，由战略决策者来思考。思考与决策主体必须是企业自己的战略决策者或战略管理团队，但他们仅凭自己在某一行业场景中多年的经验，往往会存在"认知盲区"，导致其核心竞争力组合与战略定位的思考"只能在这个小圈子里面打转"。外部赋能可以在某些局部让战略决策者看到一些新的契机、新的潜在价值点。比如，某个物流公司委托外部一个软件公司制作了一个小程序，而这个小程序却给了物流公司的老板带来了很多启发。接下来，物流公司打算依托数字化平台迅速整合外部司机，物流公司不在运费上赚利润（也就是客户运费的绝大部分给司机），而改为支持司机购车（物流金融），并通过小程序记录和核算司机的信用，同时收取车辆入网的管理费。事实上，这样的商业模式使一家物流公司演变为一家互联网类金融企业，其未来的盈利模式涵盖了大客户物流项目转包、车辆设备资产管理与信贷、互联网信息管理与服务等。数字化企业围绕数字技术与行业中经验知识的结合与沉淀，会产生很高的价值。

第三，围绕整合资源模式的变革与创新。这个启发思考的切入点是不同资源之间如何整合协同。这简直就是企业家或战略管理者的"看家功夫"。一旦搞懂了外部赋能方"能干什么"的底层逻辑，企业家就可以发挥自己多年摸爬滚打摸索出来的敏锐性和思维优势了。在外部赋能之后，企业家和战略管理者需要构思"如果把赋能扩大，能带来什么""哪些团队或资源需要与赋能方整合"等一系列问题。围绕资源如何整合、是否纳入新的资源等问题，随着对外部赋能效果的辨别，战略决策者就需要重新思考资源整合的方式。

9.3.3　跨界学习

光是自己启发和思考了还不够，企业家或战略决策者要把自己受到的启发以及相应的思考与整个管理层进行交流、沟通。最重要的是，要让高层"自己的想法"顺利地转变为企业整个管理层的共识。

所以，下一步，企业就需要组织集体学习了。管理层集体学习其实是最便捷、最有效传导战略决策者个人思考的方式。一来，战略决策者可以邀请外部赋能方系统性地介绍某种模式、方向或理念，其本质是"借外来的和尚念自己的经"，之后再组织内部讨论。这样的好处是，假如企业管理层有什么不同意见，也可以自由地发表，而战略决策者自己在面对管理层时也有一个回旋余地。二来，战略决策者还可以借集体学习的契机，把自己思考的问题巧妙地交给在场的管理层，达到集思广益、集体讨论的效果。

而要实现上述效果，必须满足一系列前提。如果前期准备不充分，不会组织培训和学习，那么钱花了不少不说，管理层还学了一堆花架子，最后管理能力没见长，心倒是越来越浮躁了。

首先，战略决策者要帮整个管理层确立跨界搜寻知识的方向。战略决策者或企业家需要明确管理层学什么、要学到什么水平、跟谁学等事项，为整个管理层考虑在前面，至少要给出几个基本的框架性意见。

其次，战略决策者与外部赋能方要达成某种默契，相互配合。组织集体学习一定会涉及外部赋能的过程，对于其中的效果、带来的好处、出现的问题甚至是纠纷，战略决策者与外部赋能方要有一个基本的共识，相互协助、配合。许多企业领导不仅对外部赋能方（比如咨询方）不管不问，甚至还主动挑起与赋能方不必要的摩擦，这是领导力匮乏的表现。

再次，战略决策者自己要对学习的内容有全面深刻的理解。由于讲课的不是战略决策者本人，因而许多战略决策者甚至对学习的内容本身缺乏起码的了解。事实上，讲课者讲完以后，战略决策者应该主导整个管理层围绕学习内容进行思考和讨论。如果战略管理者自己都不能做到把学习到的思想、方法或理论与自己的工作结合，那么又如何为企业其他管理者起到带头示范作用呢？

最后，战略决策者带头养成学习的习惯。对于一个组织而言，"学以致学"与学以致用同等重要。

9.3.4　主导变革

企业以实际利益为一切归结点。学，终要以致用。数字化企业在获得外部赋能之后开启的启发思考，进而带动管理层跨界学习等步骤，都是在组织的心智层面下工夫。心智的提升不会以一次性达到某一个水平为终点，而是会与企业实际的经营管理相匹配发展。知行合一，既要学习别人的跨界知识，用以指导自己的经营活动，寓行于知；更要在行动中验证知识，寓知于行。

数字化最终要"化"，即最终要实施变革。数字化企业最终必然要开启一系列组织变革。很多企业一味追求在数字化过程中创新各种商业模式、资源整合模式、组织模式等，但需要明确的是，组织变革常有，而创新不常有。创新其实是变革达到一定高度之后的表现。因此，战略决策者需要以变革作为主导整个组织演化的出发点。

企业在数字化转型过程中切忌盲目追求所谓的创新。很多所谓的创新，大多只是源于传统企业的"无知"，把别的行业中习以为常的"套路"搬过来，形成某种所谓的创新。这在短期可能让人眼前一亮，有点作用，但能否持续有效，那就要看企业本身的变革能力了。

数字化企业的变革也不能是随意的变革，而应该是有针对性的变革。不少企业在开启变革之后就逐渐偏离原定战略方向，"越走越远"。战略决策者在主导组织变革的过程中需要把握三个原则。

第一，一切具体变革都应围绕促进"隐藏知识"的价值蜕变，而不是削弱或阻遏它。不能为了变革而变革，不能盲目模仿所谓的标杆。要清醒地认识到进行经营模式变革的初衷，并且在变革的过程中时刻牢记这一初衷。对于企业家或战略决策者而言，在刚开始变革时并不需要太担忧；但当变革执行了一段时间，尤其在变革的过程中与管理层磨合了一段时间以后，就是考验企业家或决策者能否守住初心的时候了。

第二，一切变革的时机都应在数据分析充分的前提下展开，不能早，也不能晚。数字化企业发起变革的时机很关键，数字系统与数据分析还没到位时，就算高层已经有了相应的变革决定，也不能轻易开启变革进程。比如，一家公司要转变销售模式，如果不是在数据分析已经具体到客户与订单的前提下，那么就不能贸然开启这项变革，因为缺乏数据支撑的执行可能是盲目的，此时变革也难以提出具体明确的调整方案与转变目标，甚至也还没有针对性的管理制度。相反，长期拖延不仅会导致管理层对现状习以为常，产生懈怠情绪，还可能错失市场机遇，影响企业的长远发展。

第三，所有变革的具体措施都要有数据的充分监测，确保对新模式有效边界进行及时把握。数字化企业的组织变革过程可以并有必要被"精细量化"。在主导企业变革的过程中，企业老板和高管可以有针对性地提出具体、明确的检测指标（是否要让管理层知道就另当别论了）。设立检测指标的目的不是为变革设置"定量目标"，而是让高管通过数字化系统来检测和反映企业变革的具体效果。尤其是在新技术下设计的某些新的平台模式，很难说实际情况是否如理想状态。而且任何一个企业采用任何一种模式（包括平台）都是有其固有的经营管理上的有效"边界"的。过去的做法都是"撞了南墙才回头"，但有了数字化系统以后，企业就可以做到变革的过程"不撞南墙也能回头"。

9.3.5　整合延伸/拓展生态圈

企业发动了组织变革，则包括联盟合作、参股控股等各种外部整合的企业整合行动一定也会发生变化。随着企业整合一些来自新领域、新产业的企业，"这时候你的生态圈就多样化了"。

除了设计好整合模式以外，更重要的是保持对自己整合边界的把控。在数字化转型的过程中，企业整合（或者说生态）的边界可以从两个层面来界定。

第一，企业整合范围与规模的延伸应以"隐藏知识"作为优势驱动：凡是"隐藏知识"能够驱动构建优势的，就可以整合；凡是不能构建优势的，就不要整合。整合哪一类或几类企业、整合多少人（企业）、多大规模等一系列决策，都应该视为企业内在的战略优势边界在企业外部的一种"外化表现"。一个企业的内在优势有多强，它就能在外部整合到多少企业或资源。根据第4章的讨论可知，决定企业优势强弱的核心在于企业对"隐藏知识"的发掘。一个企业对自身优势的"隐藏知识"越清晰，越能持续动态把握，就越容易在某些外部整合的对象以及范围中发挥"隐藏知识"的优势，相应的整合就越成功；反之，就越不能成功。比如，一家企业善于对电子产品的控制系统进行不断完善，就能很容易从单一电子产品向同类型用户多类型的电子产品延伸整合，比如从手机向电视、智能家电、智能厨房电器等产品领域延伸整合，这样的整合可以发挥其在控制系统方面"隐藏知识"的优势，但是这样的优势在毛巾、牙刷等用不上控制系统的产品上就难以发挥作用了。

第二，企业整合的方向、方式和节奏应以优势"闭环"增长为基本原则：能够构建优势增长闭环的整合方向或方式才是可取的；应根据优势增长"闭环"自身的循环节奏来安排整合的节奏。数字化企业有别于传统企业，其内部数字化资源的"闭环"已经基本建立起来。向外的整合应该立足于优势的"闭环"增长，实现"越整合，'闭环'增长越快越多"的效果。所以，向哪个方向整合（比如，向上游还是下游整合，向多产品维度还是多区域市场维度整合，向多社群整合还是向多场景整合等）的问题，需要以强化优势增长"闭环"为基本原则来选择。凡是有助于强化企业优势增长的"闭环"的整合方向，就是可取的；反之，就不可取，哪怕有多少所谓的"标杆"是朝这个方向整合的，都只能说目前该方向并不合适于你的企业。比如，许多企业都试图采用直播或短视频实现品牌推广。虽说有诸多成功案例，但企业仍然需要思考清楚这一整合方向是否符合自身实际的优势增长"闭环"。而这就要具体问题具体分析了。另外，没有哪个企业的整合延伸或生态圈是"一天建成"的。企业构建自己整合生态的过程也是要依托"闭环"的优势循环增长节奏，一步步拓展。若整合的速度快于优势增长的速度，则表明企业在阶段性"为了整合而整合"，存在较大管理成本；整合额度速度如果落后于优势增长速度，则企业有"吃不饱"的情况，难以形成营收和产值的增长。

对上述两个方面的把握，当然也是完全可以（以及应该）通过数字化系统的可视化与诊断来跟踪分析、评估，甚至可以动态跟踪和精细化诊断出整合中的管理问题所在。如果一个企业对外部整合很有心得，那么它的"整合知识"很可能还会变成一种全新的"隐藏知识"。因而，新的"隐藏知识"可能持续被发现，推动企业不断进行价值蜕变。

9.3.6　开启新一轮赋能

在某些情况下，数字化企业改变了自己外部整合的结构，甚至构建起了一个新的生态。这个生态新纳入了一些以前不怎么打交道的组织，有的甚至都不是一个行业的。此时，这些潜在的新合作者实际上为企业带来了新赋能的潜在机会。不久，新一轮的外部赋能就可能会开启。之后，启发思考、跨界学习、主导变革，而后又是进一步整合或构建生态，如此周而复始。数字化企业就可以通过"外部赋能引导组织学习，组织学习驱动全面变革，而后又开始新的赋能"，如此循环，不断提升组织对数字化的认识，不断整合新技术资源，不断调整自身组织能效，不断完成组织升维和进化。

9.4　缔造自我进化的组织

在当前这个动态性、不确定性、复杂性和模糊性并存的时代，企业变化是常态，维持不变几乎等于灭亡。但是，企业也不能没有方向地胡乱转变，而应坚守战略承诺，紧紧围绕核心竞争力组合，依时而动，顺势求变。

对一个组织而言，变革有两种，一种是被动的，一种是主动的。

所谓被动变革，就是当环境已经明显挤压了企业过去的利润中心，导致企业过去的竞争力不再具有价值性，企业面临市场份额衰退、竞争力下降时，组织为了生存而被迫启动的变革。这种变革通常是前期战略盲目或失误导致的结果，且组织被动变革有仓促性和盲目性等特征，一般不推荐。

而组织的主动变革又可分"表层"和"深彻"两种境界。

所谓"表层"，指的是组织中个别领导自上而下推动的某种变革。变革本身的内容、方向可能是正确的，变革的时机也是恰当的，但是推动变革的是"人治"，而非"法治"。这类变革的潜在问题在于，一旦领导的注意力和时间、精力从这项变革中挪开，那么变革就推不动，甚至有打回原形的可能。所以，这种由个别领导推动的变革通常需要用制度流程的方式固化变革的成果。

而所谓"深彻"，则指的是组织的变革并不一定依靠企业领导的一己之力推动，而是在企业整个组织的自主意识驱动下完成的。简单来说，就是"全体员工自觉的变革"，也可以称作"自我进化的组织"。传统企业追求管理流程与制度的稳固，从而提高生产运营熟练程度，降低沟通成本，提高能效与业绩。所以，传统企业很难想象一个"成天想着变革的组织"，甚至传统企业的不少中层管理者还是变革最大的阻碍。而数字化企业则不然，其生产运营体系在很大程度上依靠数字技术、系统和设备来完成，因此员工在未来更多地扮演企业生产运营管理体系的检测人、维护人和例外处理人的角色。这时，持续变革、自主变革就成为可能。加之在"组织学习飞轮"的辅助下，相信数字化企业很快会成为喜爱学习与变革的组织。那些成功运用"组织学习飞轮"实现组织进化的企业一定得益于一套自我进化的组织模式，而不是某一两次外部赋能带来的重大启发或思考。能让企业持续变革、不断进化的是制度，也只能是制度。这套制度包括一种启发思考和发动变革的决策机制、一套从组织学习到践行变革的组织流程体系，以及一种拥抱变革的企业文化或精神。

惟自我进化者强，惟制度驱动变革者进。

结语（代跋）

如同大多数本硕博都是文科专业的学者一样，我一开始对数字化也是抱着一定的危机感。毕竟，随着ChatGPT等AI大模型的出现，身边无论企业家、学生还是同行，都有种"数字经济还要不要企业战略"的疑惑。作为"根正苗红"的战略管理学者，身处在当前数字经济的浪潮中，必然是有种未来自己可能"失业"的危机感的。

在大数据刚兴起的那几年，我其实刻意排斥直接研究数字化问题，因为觉得这些议题可能够不上"战略"。但是，随着我参与调研、咨询的企业和行业越来越多样，我就如同众多传统企业家一样，在实践的磕磕碰碰中慢慢意识到，数字经济浪潮不是你想回避就能回避的。曾经那些跟我强调"我们行业数字化应用面不宽"的老板们，要么在行业数字化浪潮中逐渐没落，要么则是在做深自己核心优势的过程中"莫名其妙"就加入到了数字化的行列中。这是我第一次意识到"时代浪潮"是什么意思，就是你避无可避、退无可退的挑战与机遇。

所以，从一开始研究数字化转型时，我就对数字技术抱有某种莫名的神秘感。从最初逮着什么企业都跟人谈数字化平台，到后来逐渐意识到数字技术也并非无所不能；从最初十分"激进"地认为数字经济下或许真有可能颠覆过去企业战略管理的全部理论体系，到最后意识到战略管理与数字化并不是相互排斥的,而是互为补充的。在这个过程中,随着数字技术的神秘面纱逐渐退去,我自己的学术研究团队也在发生"数字化"蜕变。我们从最初仅仅以数字化"成功"企业为案例的研究,到"深入一线",与传统企业数字化实践的交流合作;从最初采用传统的方式开展研究,到逐渐建立以机器学习为基础的文本内容编码"科研中台"的研究团队。而我自己对数字化战略的认识也逐渐发生了深刻的蜕变。我从最初对数字技术敬而远之,到后来自己也能申请智能算法发明专利;从最初跟很多人一样,认为数字化仅仅是一次技术革命给企业带来的经营与战略"转型",到最终意识到企业数字化的过程本质是一次对自己过去战略优势的深刻蜕变;从最初认为数字化转型的关键在于新技术带来的资源融合,到最终意识到决定数字化成败的是企业家的战略认知以及组织文化。

巧得很,我发现上述关于我和我的团队对数字化的理解,在某种程度上恰好与这几年不少传统企业数字化转型过程中的思想转变与企业战略蜕变在底层逻辑上不谋而合。这些基本的理念与思想恰好也是我希望通过这本书所传达的。

第一,数字化真正的价值或魅力并不在于降本增效,而是通过有针对性地降本增效来提高企业构建和强化核心竞争力的效率与有效性。相比经营、生产、组织等表层的降本增效,围绕企业建立核心竞争力过程的降本增效更有助于企业在数字化浪潮中建立和强化可持续优势。而忽略核心竞争力的数字化,会圄于当下的产品、服务、市场、产业结构等因素,而难以帮助企业具备数字化的成长性。

第二,数字化战略并不是一套全新的、颠覆性战略管理体系,而是对经典的战略管理框架体系的补充。虽然我很清楚当前国内外不少企业都已经不再遵循传统和经典战略管理框架来制定企业的战略规划,但我们的研究与实验仍然证明了经典的魅力与生命力。至于实践中大家对"内外部环境分析—SWOT—战略定位—竞争战略"的战略管理经典"套路"的批判与抛弃,我本人也表示理解与支持。但舍弃某种固有的"套路思维"是否能等同于否定该"套路"背后厚重而庞大的理论根基,我对此则表示怀疑。就像有人用不惯中式菜刀切菜,非说西式的各种各样的厨房刀具更有针对性，但这有可能仅仅是因为他对刀功并没有太深的研究。在这一点上，我自信自己对战略管理这把"菜刀"玩得还算熟练。本书的数字化战略管理框架并不是要颠覆传统，而是弥补了经典战略管理框架及其背后理论体系中存在多年的短板（或说空白）。

第三，数字洞察是当前数字化普遍忽略的"基本功"，而这恰好是企业数字化蜕变的根基。在当前这个复杂、多变、模糊和高度不确定的时代，那些在门外的、正在进门的企业最急切需要的是"怎么一步步做到数字化"。通过研究与实践交流，我们发现数字化对于企业经营管理影响最为深远的就是打造"洞察能力"。企业如果对自己、相关方和市场具有了足够清晰的洞察，其决策则少盲目，其运营则少堵点，其组织则少混乱，其优势则少干扰。惟有洞悉本质，不惧不躁者，方能向内求法，创新蜕变，迈向下一个辉煌。

在本书的撰写过程中，有很多人提供过各种帮助。我很感谢愿意在一定程度上把公司"交给"我们的那些传统企业家们，他们给了我们最初探索的契机。这些公司的真实案例，无论成功抑或失败，共同构建出了本书示例中的A公司。在此一并揖谢。

首先，感谢孙延明副校长、薛小龙院长对本书的出版给予的大力支持。因为这是一本数字技术的外行人写的数字化的书，我生怕自己说了外行话。万幸在本书的写作过程中，我们得到了众多数字化、人工智能技术领域专家们的批评与建议。感谢中山大学人工智能学院路永和教授对本书的认可与支持，感谢广电研究院董事长梁添才数次对我的提点和指导，还要感谢我的好同事胡勇军老师在机器学习领域给予的帮助。另外，管震老兄在百忙之中更是逐字校对本书，令我甚为感动！

其次，我要感谢我曾经的学生汤欣欣和乔丹莉。汤欣欣曾在疫情封校期间凭一己之力完成了一家物流企业的数据可视化动态监测。现在她已毕业，在深圳一家精密制造企业任职。乔丹莉现在澳门科大读硕士，很巧，也是数据分析方向。另外，还要感谢我在社科院时期的兼职研究助理马昕旖。他们对本书的撰写、资料搜集，甚至是其中若干关键章节的探索都做出了不可磨灭的贡献。

蜕变：
数字化战略管理新框架

　　我还要感谢广州大学MBA22级集中班和23级全日制班的学员们。他们在上我的课、听我唠叨各种有的没的的故事的时候，不断"挑战""刺激"我。他们是我下决心要写这本书的关键动力之一。同时，不少同学对本书早期版本尖锐而坦诚的批评也是我持续改进书稿的重要鞭策。

　　最后，我谨以此书向我的导师——蓝海林教授致敬。入门十余载，教诲常萦耳。每著新说如临渊，恐有半句愧师门。夙夜常疑凝坐省，方知笔上有千钧。

　　如果本书有什么被后来检验为正确的观点，那都是我的合作作者与我的学生们的功劳。倘若本书中有错漏偏误，那肯定都是鄙人才疏学浅无疑！

皮圣雷

2024年1月底于广州大学桂花岗

主要参考文献

［1］陈剑，刘运辉.数智化使能运营管理变革：从供应链到供应链生态系统［J］.管理世界，2021，37（11）：227-240，14.

［2］蔡莉，尹苗苗.新创企业学习能力、资源整合方式对企业绩效的影响研究［J］.管理世界，2009（10）：1-10，16.

［3］迟晓英，宣国良.价值链研究发展综述［J］.外国经济与管理，2000，1：25-30.

［4］邓新明，刘禹，龙贤义，林晓真，杨赛凡，Munkhbayar Khishigdelger.管理者认知视角的环境动态性与组织战略变革关系研究［J］.南开管理评论，2021，24（1）：62-73，88-90.

［5］方润生，李垣.企业关键资源及其形成与配置机制［J］.南开管理评论，2001（4）：6-10.

［6］贺正楚，潘为华，潘红玉，等.制造企业数字化转型与创新效率：制造过程与商业模式的异质性分析［J］.中国软科学，2023，387（3）：162-177.

［7］刘海兵，刘洋，黄天蔚.数字技术驱动高端颠覆性创新的过程机理：探索性案例研究［J］.管理世界，2023，39（7）：63-81，99，82.

［8］蓝海林.企业战略管理："静态模式"与"动态模式"［J］.南开管

理评论，2007（5）：31-35，60.

[9] 蓝海林，编.企业战略管理（第3版）（教育部经济管理类核心课程教材）[M].北京：中国人民大学出版社，2022.

[10] 皮圣雷，王婧.企业数字化转型中的定位调整与核心能力"扬弃"——一个多案例研究 [J].管理评论，2023，35（11）：336-352.

[11] 钱晶晶，何筠.传统企业动态能力构建与数字化转型的机理研究 [J].中国软科学，2021（6）：135-143.

[12] 戚聿东，肖旭.数字经济时代的企业管理变革 [J].管理世界，2020，36（6）：135-152，250.

[13] 史丹，聂新伟，齐飞.数字经济全球化：技术竞争、规则博弈与中国选择 [J].管理世界，2023，39（9）：1-15.

[14] 尚航标，刘佳奇，王智林，等.数字化转型差异度对企业绩效的影响研究 [J].管理学报，2024，21（2）：193-201.

[15] 孙延明，皮圣雷，胡勇军，孙丽君.智能+制造：企业赋能之路 [M].北京：机械工业出版社，2020.

[16] 王辉，李昌刚.Stacking集成学习方法在销售预测中的应用 [J].计算机应用与软件，2020，37（8）：85-90.

[17] 王世权，韩冬梅，汪炫彤.连续转型中高管团队注意力、资源编排与战略更新——基于东软的案例研究 [J].南开管理评论，2022，25（6）：183-194.

[18] 吴瑶，夏正豪，胡杨颂，谢康，王茜.基于数字化技术共建"和而不同"动态能力——2011~2020年索菲亚与经销商的纵向案例研究 [J].管理世界，2022，38（1）：144-163，206，164.

[19] 余传鹏，黎展锋，林春培，等.数字创新网络嵌入对制造企业新产品开发绩效的影响研究 [J].管理世界，2024，40（5）：154-176.

[20] 余江，白宇彤，孟庆时，等.数字化转型战略对企业数字创新绩效影响研究 [J].科研管理，2024，45（4）：1-11.

[21] 余艳，王雪莹，毛基业.数字化投资与认知互补增效——高层梯队理论视角 [J].管理科学学报，2024，27（4）：41-64.

［22］张国胜，魏心贤，李欣珏.企业数字化、资源编排与长尾市场满足［J］.中国软科学，2024（3）：119-128.

［23］张青，华志兵.资源编排理论及其研究进展述评［J］.经济管理，2020，42（9）：193-208.

［24］张媛，孙新波，钱雨.传统制造企业数字化转型中的价值创造与演化——资源编排视角的纵向单案例研究［J］.经济管理，2022，44（4）：116-133.

［25］张玉明，张馨月.董事网络与企业数字化转型［J］.管理评论，2024，36（3）：171-184.

［26］赵艺璇，成琼文.生态系统视角下企业如何实现"数实"资源融合？［J］.管理评论，2024，36（4）：261-272.

［27］Ahmed E, Kilika J, Gakenia C. Progressive convergent definition and conceptualisation of organisational resilience: A model development［J］. International Journal of Organizational Leadership，2021，10（4）：385-400.

［28］Ahmed E, Kilika J, Gekenia C. Strategy-induced organisational resilience through dynamic resource orchestration: Perspectives of former Kenyan bankers［J］. International Journal of Research in Business and Social Science（2147-4478），2022，11（2）：92-103.

［29］Bharadwaj A S. A resource-based perspective on information technology capability and firm performance: An empirical investigation［J］. MIS Quarterly，2000，24（1）：169.

［30］Chen H, Tian Z. Environmental uncertainty, resource orchestration and digital transformation: A fuzzy-set QCA approach［J］.Journal of Business Research，2022，139：184-193.

［31］Ciampi F, Demi S, Magrini A, Marzi G, Papa A. Exploring the impact of big data analytics capabilities on business model innovation: The mediating role of entrepreneurial orientation［J］. Journal of Business Research，2021，123：1-13.

［32］Duan Y, Cao G, Edwards J S. Understanding the impact of business analytics on innovation［J］.European Journal of Operational Research，2020，

281（3）：673–686.

［33］Frankenberger K, Stam W. Entrepreneurial copycats: A resource orchestration perspective on the link between extra industry business model imitation and new venture growth［J］. Long Range Planning, 2019.

［34］Garmaki M, Gharib R K, Boughzala I. Big data analytics capability and contribution to firm performance: The mediating effect of organizational learning on firm performance［J］. Journal of Enterprise Information Management, 2023, 36（5）: 1161–1184.

［35］Hanelt A, Bohnsack R, Marz D, et al. A systematic review of the literature on digital transformation: Insights and implications for strategy and organizational change［J］. Journal of Management Studies, 2021, 58（5）: 1159–1197.

［36］Osterwalder, Alexander, Yves Pigneur. Business model generation［M］. Chichester, England: John Wiley & Sons, 2010.

［37］Sirmon D G, Hitt M A, Ireland R D. Managing firm resources in dynamic environments to create value: Looking inside the black box［J］. Academy Management Review, 2007, 32（1）: 273–292.

［38］Sirmon D G, Hitt M A. Contingencies within dynamic managerial capabilities: Interdependent effects of resource investment and deployment on firm performance［J］. Strategic Management Journal, 2009（30）: 1375–1394.

［39］Teece D J, Pisano G, Shuen A. Dynamic capabilities and strategic management［J］. Strategic Management Journal, 1997, 18（7）: 509–533.

［40］Wernerfelt B. Resource–based view of the firm［J］.Strategic Management Journal, 1984, 5（2）: 171–180.

［41］Yoo Y, Bryant A, Wigand R T. Designing digital communities that transform urban life: Introduction to the special section on digital cities［J］. Communications of the Association for Information Systems, 2010（27）: 637–640.

［42］Zhu X, Li Y. The use of data–driven insight in ambidextrous digital transformation: How do resource orchestration, organizational strategic decision-making, and organizational agility matter? [J] . Technological Forecasting and Social Change, 2023 (196): 122851.